부동산 행복연습

부동산 행복연습

-지구는 아름답고 삶은 축복이다-

이방주 지음

매일경제신문사

　수능시험의 원조라고 할 수 있는 대학입시를 위한 국가고사를 치르고 나서 입시지옥에서 해방되는 기쁨을 누리기 시작했다. 그때가 1961년 12월경이었다. 그간 못 보던 영화도 보고 소설책도 읽기 시작했다. 그즈음 어느 날 저녁 홍제동 문화촌(文化村) 골목길에서 이진섭(李眞燮) 선생과 마주치게 되었다. 그는 대뜸 필자에게 무슨 책을 들고 있느냐고 물으셨고, 들고 있는 책이 《삼국지(三國志)》라는 것을 아시고 실망한 표정을 지으셨다. 이제는 대학생이 되었으니 그런 책만 봐서는 안 되고 좀 더 차원 높은 책을 읽어야 한다는 훈계의 말씀을 들어야했다. 이진섭 선생은 그 유명한 박인환의 시(詩) 〈세월이 가면〉에 곡을 작곡하신 다재다능한 언론인, 시나리오·방송작가이시다. 우리는 문화촌에서 두 집 건너 한동네에 살았으며 필자에게 넥타이 매는법을 처음 가르쳐주며 이게 바로 성인식(成人式)이라고 알려주시던 기억이 난다.

　그해 여름방학 박제혁(朴齊赫, 전 기아자동차 사장), 유건목(俞建穆, 전 국민일보 경제부장)과 함께 세계문학전집, 한국문학전집 등에서 읽고 싶은 책을 수십 권 선정해 큰 배낭에 채우고 해인사 원당암에 들어갔다. 40여 일을 마치 수험생과 같이 새벽에 기상해 하루 종일 책 읽고 토론하고 산책하는 좀 무식한 방법의 독서를 했다.

사회초년병 시절에 심연섭(沈鍊燮) 선생이 신문에 쓴 칼럼을 감명 깊게 읽곤 했다. 그는 자칭 대한민국 제1호 칼럼니스트이다. 칼럼을 쓰는 사람들이 그 이전에도 많았지만 칼럼니스트라는 직함을 달고 쓴 경우는 심연섭 선생이 처음이기 때문이다. 칼럼니스트라는 이색적인 직함도 흥미 있었지만 보(bow)타이를 메고 검은 뿔테 안경을 쓴 그는 동경의 대상이었다. 언제고 나도 멋있는 칼럼을 써서 사회에 기여해보겠다는 자그마한 꿈을 갖기 시작한 것도 그즈음이었다.

현대자동차 기획실 대리로 종로 세운상가 사무실에서 근무할 때였다. 하루는 느닷없이 정세영(鄭世永) 사장이 잡지를 들고 사무실에 찾아와 "누가 이 칼럼을 썼지? 아주 꼭 마음에 들게 잘 썼어"라며 칭찬하셨다. 그 당시는 신진자동차, 아세아자동차와 함께 치열하게 좁은 국내시장을 두고 이전투구(泥田鬪狗)하던 시기였다. 이러한 경쟁 시기에 어느 교통 관련 잡지로부터 현대자동차의 장점을 써달라는 원고청탁을 받았다. 전상구(全祥九) 과장은 필자에게 써보라고 했고, 회사 명의로 쓴 200자 원고지 5~7장 정도 분량의 칼럼이 잡지에 게재되었었다. 이 칼럼을 정세영 사장이 읽은 것이었다.

아쉽지만 30년 동안 정말로 혼신을 다해 일한 현대자동차를 떠나 현대산업개발로 정세영 명예회장을 따라 옮기게 되었다. IMF 이후

혹독한 구조조정을 마친 한국 경제계에서는 그 후 기업경영을 책임지는 CEO라는 용어(用語)가 일반화되기 시작했다. 언론에서도 CEO 칼럼을 요청했고 필자도 회사 홍보차원에서 가끔 경제신문이나 주간지 등에 다양한 주제의 칼럼을 기고하기 시작했다. 모든 칼럼은 직접 썼으며 칼럼니스트라는 직함은 아니고 어디까지나 현대산업개발 사장이라는 직책으로 쓰는 칼럼이었다.

전문경영인은 원하는 대로 언제나 자리를 지키며 일할 수 없고, 언제고 떠날 준비를 해야 하는 입장이 될 수밖에 없다. 경영일선에서 물러나 부회장, 고문으로 지낸 약 2년여의 시간은 매우 값진 시간이었다. 시간적 여유도 생겼고, 또 평소에 생각했던 우리나라 건설, 부동산 시장에 대해 소회도 남기고 싶어 칼럼을 본격적으로 쓰기 시작했다. 평소 가끔 만나 그간 읽은 책이나 세상사에 대해 격의 없는 토론을 즐기던 매일경제의 김세형 상무와 윤영걸 매경출판 대표의 적극적인 권유도 큰 힘이 되었다.

김맹녕 씨가 골프칼럼니스트라는 타이틀로 칼럼을 쓰고 있는 데 아이디어를 얻어 칼럼니스트 앞에 부동산이란 단어를 붙여 부동산 칼럼니스트라는 타이틀을 쓰기로 했다. 2007~2008년 약 2년간 매일경제신문 부동산면에 고정 칼럼을 썼다. 2009~2010년에는 동아일보 부동산면에도 고정 칼럼을 기고했다.

이번 《부동산 행복연습》은 상당 부분이 그 당시에 쓴 칼럼을 기반으로 편집한 것이다. 그러나 그간 시간도 흘렀고 사회도 빠르게 변화해가고 있으므로 단순한 편집이 아니라 이 시점에서(2012년)의 시각으로 과감히 첨삭(添削)했다. 또한 상당 부분 새로운 시각으로 부동산 시장을 바라보는 글도 첨가했다.

칼럼이라는 장르의 속성상 매번 쓰는 칼럼이 단편적인 짧은 내용일 수밖에 없었다. 그러나 항상 큰 흐름을 갖고 썼다. 특히 "인간과 부동산의 관계를 아름답게 만들어야겠다"는 모토(motto)는 빠지지 않고 필자가 쓴 모든 부동산칼럼에 스며들어 있으므로 새로이 편집하는 데 그리 어려움은 없었다.

누가 말했던가. "시간은 화살처럼 빠르게 간다"고. 실제로는 화살의 속도가 아니라 눈 깜짝할 사이에 수십 년이 지난 것 같다. 젊은 시절 한때 꿈꾸어 본 칼럼니스트가 되어 본 것도 감사한 일이다. 또한 부동산에 관련된 생각뿐 아니라 평소에 생각하고 고민해 온, 그리고 너무나 복잡해 신비하기까지 한 우리들의 삶에 대한 소견도 함께 남길 수 있게 되어 더욱 감사하다.

감사합니다.

이 방 주

목차

chapter 02 좋은 건물, 주택을 위한 조언

part 03 지구는 아름답고 삶은 축복이다

chapter 01 어떻게 살아야 하는가

chapter 02 존경하는 사람

chapter 03 달리기, 등산 예찬

부 록 주택 시장 발전을 위한 조언

part 01

행복해지는 부동산

"인간이 부동산과 만나면 탐욕스러워진다.
열광, 환상, 공포, 파국의 심리를 절제하고
부동산과의 만남을 아름답게 만들어야겠다."

부동산은 우리에게 무엇인가

부동산은 우리에게 투자의 대상이기도 하지만
우리 모두의 삶의 터전이기 때문에 냉혹한 시장
경제 논리로만 바라볼 수 없으며 때로는 따뜻한
마음, 더불어 사는 마음이 필요하다.

부동산은 우리에게 무엇인가

우리 사회에서 부동산은 생활의 편익을 향상시키지만 때로는 빈부격차, 양극화 같은 갈등을 가져오는 애물단지가 되기도 한다. 사실 적지 않은 사람들이 부동산으로 부를 쌓았고 이에 대해 많은 사람들은 불로소득이라고 격하시키고 있다. 소득계층 간뿐 아니라 지역 간에도 부동산 문제로 서로 이해가 충돌하고 있다. 그러나 분명한 것은 부동산은 우리가 살아가는 국토이며, 오늘을 살아가는 우리뿐 아니라 장차 우리의 후손들도 대를 이어가며 살아가야하는 귀중한 모두의 자산이라는 것이다. 이렇게 귀중한 자산을 어떻게든 지키고 관리해야 하며, 또 투자를 통해 가치를 증대시키는 것이 우리에게 주어진 책임이 아닐 수 없다.

이와 같이 기본적으로 부동산은 이 시대를 살아가고 있는 우리 모두가 필요로 하는 삶의 터전이지만 한편으로는 주식, 채권과 같이 투자의 대상이고 재테크(財Tech)의 수단이 되고 있는 것이 현실이다. 개인적으로 부를 쌓는 확실한 수단이라고 생각해서 그런지 평소에 예의 바르고 점잖은 분도 부동산에 관련되게 되면 과도한 욕심을 내고 사람이 달라지는 경우가 자주 목격되고 있다.

이는 부동산을 투자의 대상으로만 바라보았기 때문이다. 부동산은 주식이나 채권 같은 자산과 달리 우리 모두의 삶의 터전이기도 하므로 냉혹한 시장경제 논리만으로 바라볼 수는 없으며 때로는 따뜻한 마음, 더불어 사는 마음이 필요하다. 투자의 대상이라고만 생각해 탐욕만이 시장을 지배할 때 부동산 시장에는 투기와 버블이 자라나게 되고 사회를 불안하게 만들어 결국은 파국을 맞이하는 형국이 될 것이다.

인간이 부동산과 만나면 탐욕스러워진다. 열광, 환상, 공포, 파국의 심리를 절제하고 부동산과의 만남을 아름답게 만들어야겠다. 시장 참여자 모두가 성공적인 부동산 투자, 운영 관리를 하면서 행복해지기 위해서는 어떻게 해야 하는지 그리고 무엇이 필요한지 함께 찾아보는 것도 매우 의미있고 유익하다고 생각한다.

행복연습

미국 LA 지역 소재 클레어몬트대(CGU)는 2007년 가을학기부터 행복학 박사과정을 개설했다고 한다. 이곳에서는 사람을 행복하게 하는 것이 무엇인가에 대해 연구를 한다고 한다. 사람이 왜 불행해지느냐를 연구하는 기존 심리학과는 정반대의 각도에서 연구하는 것이다. 행복이라는 인간의 최대의 명제(命題)가 대학 정식과정으로 개설된다는 것은 매우 시사하는 바가 크다. 행복학을 정식과정으로 개설한다는 뜻은 극히 개인적이고 주관적인 행복이라는 개념도 연구과정을 통해 어떤 법칙이나 정형(定型)을 찾을 수 있다는 뜻으로도 해석된다.

우리는 너무나 성공학에만 매달려 왔다. 지난 50년간 산업사회와 정보사회로 뒤늦게 압축성장한 우리 사회는 성공과 부가 곧 행복이라는 공식에 젖어왔다. 서점가에도 온통 성공과 부에 관한 책들이 홍수를 이루고 있다. 《성공하는 사람의 7가지 조건》 또는 《부의 법칙》 등이다. 제일 보기 싫은 책 제목이 《부자 아빠, 가난한 아빠》 류의 책들이다. 아무리 책을 팔기 위한 상술이지만 성공과 부의 모티브에 자식을 너무 끌어들이고 있다.

대린 맥마흔 미국 플로리다주립대 교수는 경제발전 수준이 낮은 사회에서는 부가 클수록 행복도 그 만큼 커지지만 그들이 부자가 될수록 그런 효과는 점차 줄어든다고 한다. 우리 사회도 이제는 1인당 국민소득이 2만 달러가 넘었으므로 행복지수가 부의 증가와 정비례

하는 수준은 이미 벗어났고 점차 상관관계가 낮아지고 있다.

부동산 이야기로 돌아가면, 평소에 점잖고 학식이 높은 사람도 부동산 문제에 관련되면 터무니없는 욕심을 부리고 비합리적이 되는 것을 종종 목격한 바 있다. 이러한 부동산과 인간의 만남을 아름다운 관계로 만들어 가야 한다. 이를 위해서는 우선 우리 모두가 좀 더 행복해져야 한다. 성공과 부의 성취도 중요하지만 전부는 아님을 깨닫고 자기 스스로 행복학 박사가 되어 자기 나름대로 행복의 법칙을 찾아야 한다.

그다음 단계로 중요한 것은 행복을 연습하는 것이다. 행복연습, 좀 어색한 표현일지 모르지만 행복도 매일 연습하지 않으면 잊어버리고 유혹에 빠지기 쉽다. 보통 사람은 나름대로 터득한 또는 찾은 행복의 법칙도 금방 잊어버리기 쉽다. 반복해서 연습하지 않으면 헛일이다. 매주 교회에 나가도 평소에는 성경말씀을 잊고 사는 것과 같다.

우리의 마음은 너무나 복잡하고 예민하다. 정신분석가들이 말하는 욕망(慾望, id), 초자아(超自我, superego), 자아(自我, ego)가 서로 갈등하는 것이 사람의 마음이기 때문이다.

미국 연준(聯準)의 버냉키 의장은 자기 나름대로의 행복리스트를 만들어 매일 점검하고 행복함에 감사하는 마음을 기록한다고 한다. 이와 같은 행복연습은 우리를 유혹에 빠지지 않고 행복하게 만들고 부동산과의 만남도 아름답게 만드는 데 일조를 할 것이다.

고급 주택과 상류사회

세법에서는 고급 주택의 정의를 다소 비현실적인 면도 있지만 명쾌하게 정하고 있다. 요즈음 말이 많은 종합부동산세나 양도세에서는 공시가액, 실거래가 등이 9억 원 이상의 주택이 해당된다. 취득세·등록세의 기준이 되는 지방세에서는 공동주택일 경우 전용면적이 245㎡(74.2평) 이상이고 공시주택가격 9억 원을 초과하는 주택을 말한다. 다만 세법에서 규정하는 고급 주택의 기준은 납세능력·공평성 등이 많이 고려된 것이므로 부동산 시장에서 말하는 고급 주택과는 다소 차이가 있는 것 같다. 부동산 시장에서는 고급 주택이라고 하면 서울 등 수도권 지역에서 약 20억 원, 지방에서는 10억 원 정도가 아닐까 한다. 여하튼 좋은 동네, 고급 주택은 선망의 대상이고 프레스티지(prestige)가 되는 것이 현실이다.

그러나 너무 부러워 할 것은 아니다. 그러한 고급 주택에 누구와 사느냐가 중요하다. 또 그보다 더 중요한 것이 있다. 인생과 이 세상을 어떠한 눈으로 바라보며 사느냐 하는 것이 더욱 중요하다. 와인과 비교한다면 비싼 고급 와인은 물론 좋은 것이지만 이러한 좋은 와인을 누구와 마시는가도 와인 맛과 가치를 높인다. 또 이보다 더 중요한 것은 무슨 대화를 하면서 마시느냐 하는 것이다.

부동산·주택 값이 오르다 보니 우리 주위에 많은 고급 주택이 새로이 등장하고 있다. 고급 주택 소유자는 집값이 올라 늘어나는 세금부담 못지않게 고급 주택 거주자로서 상류사회 진입에 대한 책임도 생긴다. 우리 사회에 아직 상류사회에 대한 정확한 개념은 없다. 그러나 선진국형의 사고방식, 생활태도라고 정의한다면 크게 틀리지는 않을 것이다. 즉, 눈에 안 띄는 곳도 깨끗이 치우는 자세, 누가 감독을 안 해도 딴 짓을 안 하고 자기 책임을 수행하는 자세 등일 것이다. 또한 자기가 속한 지역사회, 국가에 최소한의 노블리스 오블리제를 지키는 양심도 겸비되어야겠다.

　세계 제일의 부자 워런 버핏의 집은 그의 고향 오마하의 일반 중산층 거주 지역에 위치하고 있으며, 가격도 100만 달러 정도라고 한다. 또한 그는 미국의 경제위기 극복을 위해 슈퍼 부자에게는 세율을 높여야 한다고 주장하고 있다. 이러한 그의 가치관은 우리에게 많은 시사점을 주고 있다. 경제가 성장함에 따라 소득이 올라가고, 자산가치가 올라감에 따라 고급 주택 수가 점점 늘어가는 것은 바람직한 일이다. 그러나 이에 못지않게 진정한 상류사회의 폭도 넓어지고 두터워져야 하겠다.

초등학교 운동장을 천연잔디로

우리나라 교육 현장에서 가장 잘 되어 있는 장점을 들라면 주저 없이 초등학교 운동장을 꼽겠다. 세계 어느 나라 교육 현장과 비교해도 뒤떨어지지 않는 것이 큼지막한 초등학교 운동장이다. 학교마다 약간씩 차이는 있으나 약 2,000평 정도는 되는 것 같다. 유럽 등 대부분의 선진국 초등학교 운동장도 우리처럼 넓지 않고, 미국과 일본 정도가 우리같이 넓게 쓰고 있다.

초등학교 운동장은 이른 아침부터 부지런한 주민들이 체조나 조깅을 하는 헬스클럽 역할을 하고 있고, 방과 후에도 지역 주민들의 체력단련시설로 변한다. 때로는 예비군, 민방위 소집 장소로 쓰이는 등 그 용도가 다양하다. 이른 아침부터 늦은 밤까지 일 년 내내 바쁘게 이용되고 있는 정말로 친숙하고 가치 있게 이용되는 공간이다.

어느 주말 도심지의 한 초등학교 옆을 지나다가 보이스카우트가 초등학교 맨땅 운동장에 텐트를 치고 야영을 하고 있는 매우 측은한 광경을 목격했다. 사실 2,000평 정도의 운동장을 땅값으로만 따져도 매우 큰 금액이다. 아마 대도시 지역 초등학교의 경우는 수십억 원에서 수백억 원은 족히 될 것이다. 그러나 그 위에는 1970년대 수준과 큰 차이가 없는 허름한 어린이용 체육시설과 화장실이 설치되어 있을 뿐이다. 무언가 획기적인 변화가 필요하다.

맨땅인 운동장 2,000평 중 절반인 1,000평 정도에 천연잔디를 조성하면 어떨까 한다. 소요되는 비용은 대도시 학교의 경우 사친회(師

親會) 또는 지역 주민들이 부담할 수 있는 금액인 것 같고, 기타 지방의 초등학교는 교육부 예산으로 진행하면 가능할 것이다. 잔디 관리 측면에서도 성인들 이용만 엄격히 제한한다면 초등학생들은 체중이 가벼우므로 별다른 제한을 하지 않고도 관리하는 데에는 문제가 없다는 것이 전문가의 견해이다.

천연잔디를 통해 자라나는 새싹들은 자연과 친숙해질 것이고 특히 대도시 아파트촌에 사는 초등학생의 경우는 시멘트벽에서 벗어날 수 있어 정서면에서도 큰 도움이 될 것이다.

도심 초등학교 운동장에 1,000평 정도의 천연잔디가 깔리면 그 초등학교는 물론이고 그 동네의 품격도 높아지며 부동산 값에도 플러스효과가 있을 것이다. 서울시청 앞 약 2,000평 정도의 잔디광장이 주변경관에 준 엄청난 효과와 시민들에게 선사한 기쁨을 생각해보면 쉽게 상상할 수 있는 보람된 일이다.

선릉을 센트럴파크로

선릉은 강남 테헤란로 한복판에 위치해 있다. 조선왕조 성종(成宗)과 그의 부인 정현왕후를 모신 곳이며, 바로 옆에 중종(中宗)의 능인 정릉이 함께 있다. 겉으로 봐서는 그리 넓은 면적으로 보이지 않지만 실제론 무려 6만 246평이나 되는 묘역이다. 묘역에는 마치 등산 코스에 온 것처럼 제법 경사가 진 봉우리와 계곡이 있다. 그러나 정작 실제 능이 차지하고 있는 면적은 얼마 되지 않는다.

선릉의 특이한 점은 높은 계단을 만들어 능을 그 위에 모신 것이다. 이렇게 설계된 이유는 그 당시 여름이면 한강물이 능 앞까지 들어왔기 때문이라고 한다. 문정왕후도 중종과 합장을 원했으나 침수가 되어 포기했다고 전해진다.

1960년대 획일적인 강남 개발 시에도 6만여 평이나 되는 선릉의 땅을 그대로 보전했기에 그 당시의 강남 전체의 모습이 상상이 된다. 현재는 문화재청의 관리하에 입장료를 받고 출입을 허용하고 있다. 그러나 강남의 프라임 로케이션임에도 불구하고 화창한 봄날 점심시간에도 입장객은 그리 많은 것 같지 않다. 거의 직사각형인 토지에는 철책으로 된 담이 쳐져있고, 입장해 봐야 특별한 휴식시설도 없으며 등산 코스 같은 경사진 언덕만 있을 뿐이기 때문이다.

원형대로 보전하는 것도 중요하지만 사적(史蹟)으로 지정한 본래의 취지를 크게 훼손하지 않는 범위 내에서 6만여 평의 용도를 획기적으로 재구성할 필요가 있다. 20~30% 정도만을 원형대로 보전하고 나머지 토지는 레벨을 다듬어서 평지화해 접근성을 높여야 한다. 그 위에 조선왕조에 대한 기념관을 건립해 외국관광객과 학생들을 대상으로 하는 역사교육관으로 활용하는 것도 하나의 방법일 것이다. 또한 잔디공원, 인공호수, 야외극장, 운동시설 등을 조성해 강남의 센트럴파크로도 만들 수 있다.

리모델링에 필요한 예산은 민자(民資)를 동원해 BTL(완공 후 리스임대)방법 등으로 해결할 수 있을 것이다. 그렇게 되면 철책담도 모두 헐어버리고 묘역과 공원이 어우러지는 살아있는 공간이 될 수 있다. 너무나 아까운 땅을 보전만 하고 있다. 공공을 위해 의미 있게 활용한다면 선릉, 정릉에 누워계신 분들께서도 대환영하실 것으로 믿는다.

소나무를 자연으로 보내자

소나무는 우리에게 가장 친숙한 나무이고, 어느 마을이나 소나무가 군집한 곳은 그 마을에서 가장 풍광이 좋은 곳이다. 깊은 산중에서 바위와 어울리며 우뚝 솟은 적송의 모습은 가히 일품이며 옛부터 많은 진경산수(眞景山水)의 대상이 되었다. 또한 문화재 복원용으로 사용되는 금강송이나 춘양목은 최고의 건축자재이기도 하다.

이렇게 사랑받고 있는 소나무를 병들게 하는 것이 있다. 다름 아닌 그릇된 조경문화다. 우리의 조경이 일본식 정원을 탈피해 한국적인 조경으로 전환되면서 소나무가 일본식 정원수이면서 손이 많이 가는 향나무를 대체하는 조경수가 되었다. 아파트단지 조경에서 시작해 이제는 오피스나 산업단지 조경에도 사용되고 있으며, 서울시 모 구청에서는 도심의 가로수로까지 사용하고 있다.

문제는 늘어나는 그 수요를 맞출 수가 없는 데 있다. 수요의 대부분이 큰 아름드리 소나무이기 때문에 묘목을 심어 대량 공급할 수 없다. 따라서 시골마을이나 깊은 산속 풍광이 좋은 곳에서 자라고 있는 소나무를 캐올 수밖에 없다. 그러다 보니 주위의 자연석이나 산림까지도 파괴되는 불상사가 생기게 된다.

또 다른 문제는 그렇게 어렵사리 구해온 소나무는 이식하는 과정에서 병들기가 매우 쉽다는 점이다. 소나무는 느티나무, 은행나무 같은 활엽수와 달리 이식하기가 매우 까다로운 수목이다. 더욱이 한 번 병이 들면 활력제를 맞아도 다시 건강해지기가 매우 어렵다. 그래서인지 현재 조경수로 쓰여 지고 있는 소나무의 상당수는 건강해 보이지 않는다.

또한 소나무는 도심에 그리 어울리지 않는다. 소나무는 은행나무, 전나무 등과 달리 곧지 않고 구부러지고 휘어진 모양새이므로 특별한 정원이나 환경에나 어울릴 수 있다. 현대식 고층 아파트와는 그리 조화롭지 않다. 도심에는 북촌의 한옥마을 정도에나 어울릴 뿐이다. 특히 소나무는 침엽수로 플라타너스 같은 활엽수에 비해 그늘을 크게 만들지도 못하고 공기정화 기능도 약해 도시 가로수로는 정말로 적합하지 않은 수목이다.

조경을 설계하는 입장에서는 겨울철에도 잎이 파란 상록수가 필요하고, 또 수요자 입장에서는 소나무 값이 비싸니 고급 정원의 필수 수목으로 소나무를 찾고 있는데 이는 잘못된 조경문화이다. 조달하면서 자연을 파괴하고 이식한 후에도 상당 부분이 병든 모습이 되는, 또 도심에 잘 어울리지도 않는 소나무를 계속 고집할 필요가 없다. 서울 도심 정원에 있는 제주도 돌하루방같이 도시 조경수로 쓰인 병든 소나무는 초라하게 보인다. 소나무는 자연으로 돌려주고 도시의 정원에는 새로운 정원수를 개발해야 한다.

자연친화적 수목장이 좋다

도쿄의 롯본기 힐즈의 모리미술관에서 본 비디오 아티스트 빌 비올라(Bill Viola)의 작품은 매우 인상적이었다. 활활 타오르는 불길 속에서 여유 있게 걸어오는 한 남자의 표정은 유유자적했고, 고통도 두려움도 없어 보였다. 그는 주위의 타오르는 불길은 개의치 않고 계속 걸었다. 5~6m나 되는 대형 화면이 점점 작아지면서 종국에는 점 하나로 축소되며 사라져 버렸다.

백남준의 제자이기도 한 그는 공간예술인 미술에 시간적, 연극적 요소를 가미한 비디오 미술가이다. 현재 세계적으로 가장 뜨고 있는 미술가이기도 하다. 그의 작품은 5~6분 정도의 짧은 시간이었지만 매우 강렬한 메시지를 관람자에게 전달하고 있다. 관람을 마치고 나오면서 '아, 나도 이제는 화장(火葬)을 너무 두려워 말고 수목장(樹木葬)을 해야겠다'는 결심을 하게 되었다. 빌 비올라의 작품 속의 사람처럼 담담하게 자연으로 돌아가는 것이 아름답게 느껴졌기 때문이다. 수목장은 자연친화적인 장묘법으로써 사람과 나무가 상생해 자연으로 돌아간다는 정신에 근거한다. 화장 후 그 골분을 지정된 수목 아래에 묻는 방법으로 최근 스위스·독일 등 유럽에서 각광을 받고 있는 자연장(自然葬)의 형태이다.

현재 우리나라의 묘지 면적은 전국토의 1%에 이르며 매년 여의도 면적의 1.3배씩 늘어나고 있다고 한다. 5,000만 명이 활동하고 있는 전국토의 도시화율이 6%에 불과한 것을 생각한다면 묘지는 엄청난 면적을 차지하고 있는 셈이다. 매년 이렇게 묘역으로 늘어나고 있다고 하니 하루빨리 국가적인 사업으로 수목장 도입이 시급한 시점에 와있다고 생각한다.

수목장은 전국토의 약 70%가 산림 지역인 우리나라 국토 상황과도 매우 적합한 장묘방법이다. 환경보호·자연보호 목적으로 그저 보전만 하고 있는 국공유지를 적극적으로 활용한다면 자연을 훼손하지 않으면서 많은 국민들에게 저렴한 값으로 품격 높은 장묘서비스를 제공할 수 있다.

우선 선행되어야 할 것은 우리 나름대로 자연과 수목을 전혀 훼손하지 않는 수목장 장묘의례준칙을 만드는 것이다. 더불어 국가 또는 시도군 등 각급 지방 자치단체에서 직접 사업을 하되 별개의 독립채산을 갖춘 장묘사업단을 운영하면 좋을 것 같다. 이렇게 되면 호화분묘 시비도 없을 것이고 서민가계에도 큰 부담을 덜어주는 효과도 적지 않을 것이다. 이는 이상주의자들이 주장하는 '요람에서 무덤까지'라는 꿈 같은 복지국가의 모토에 다가갈 수 있는 훌륭한 국가서비스가 될 것이다.

혜화동 분수대를 복원하자

혜화동은 수주(樹州) 변영로(1898~1961년)가 살던 곳이다. 그의 수필집 《명정(酩酊) 40년》에 의하면 당대 주도(酒道)의 명인들인 공초(空超) 오상순, 횡보(橫步) 염상섭이 혜화동 변영로 택(宅)에 내방했다. 그러나 그들은 호주머니가 가벼워 당시 동아일보 편집국장인 고하(古下) 송진우에게 좋은 글을 기고할 테니 50원만 미리 보내달라는 편지를 인편에 보냈다. 그러자 소청대로 50원을 받아 쾌음을 했다는 일화가 있는 낭만이 있었던 거리다.

또한 지리적으로 이화사거리에서 혜화동 로터리에 걸쳐있는 공연예술의 중심지인 대학로의 머리에 해당한다. 대학로에는 80여 개의 소극장이 자리 잡고 있으며 젊은이들이 문화의 향취를 조금이라도 느끼면서 즐길 수 있는 몇 안 되는 지역 중 하나이다.

이러한 대학로 머리 역할을 하고 있는 혜화동 로터리가 일방적인 도시개발 논리에 밀려 계속 수난을 당하고 있다. 먼저 1970년대 로터리 위로 고가차도가 생겼다. 늘어나는 교통 수요에 밀려 무엇보다도 효율이 중시되었던 개발시대의 논리가 앞섰다고 생각한다. 고가차도가 생겼지만 그래도 혜화동 로터리 분수대는 남아 있어 조금은 위안이 되었다. 그러던 차에 2004년 도심교통체계개편이라는 일방적인 조치 하에 그 분수대마저 사라져 삭막한 교차로로 전락하고 말았다. 최근에 고가차도는 철거되었으나 크게 변한 것은 없다.

혜화동 로터리 분수대는 수주 변영로의 장년 시절부터 존재했으리라고 추측되는 역사가 있는 분수대이다. 또 그 모양새도 매우 부드러운 연꽃 봉우리 모습이었다. 분수대는 혜화동 로터리 전체의 분위기를 여유 있게 때로는 느리게도 만들며 가로 전체의 품격을 한껏 높여주었다.

이제는 대학로의 상징인 마로니에공원과 연계해서 혜화동 로터리를 미니 공원화하는 계획을 세울 때가 되었다. 다행히 지하철 노선이 없으니 지하차도를 만들어 지상을 옛 모습으로 복원할 수 있을 것이다. 지하차도 투자비가 들겠지만 혜화동 로터리 미니 공원화가 주는 효과를 문화적, 그리고 관광자원 차원에서 계량하면 충분한 투자효과가 나올 것이다.

분수도 로마의 트레비 분수 정도가 될 수 있는 명품으로 재탄생시킬 수 있다. 옛 모습도 살리면서 음악분수, 색채효과 등 새로운 아이디어를 내도록 공모를 한다면 과거 분수대보다 더 품격 있는 좋은 작품이 나올 것이다. 또 한 가지만 덧붙인다면 로터리에 국민에게 사랑을 받는 문화예술인의 흉상이나 동상을 놓는다면 금상첨화가 되고 문화 명소와 아울러 관광 명소로도 손색이 없을 것이다. 큰돈을 들여 새로운 관광 명소를 만드는 것보다 혜화동 로터리 미니 공원화가 훨씬 효율적이고 가치 있는 투자라고 생각한다.

2만 달러 시대에 걸맞은 농촌주택을

우리나라 농촌의 풍광도 많이 좋아졌다. 특히 산림녹화가 잘 되어 있어 우리나라를 찾은 중국 사람들은 도착해서 갖은 첫인상이 울창한 나무숲이라고 하며 매우 부러워하고 있다. 그러나 아직도 농촌주택은 제자리걸음이다. 슬레이트 지붕이 아직도 많다. 간혹 함석지붕을 한 집도 눈에 띈다. 지붕 색깔도 빨강, 파랑의 아주 원색적인 모습으로 농촌의 좋은 풍광을 해치고 있다. 슬래브 지붕의 벽돌집도 주위 환경과는 그리 어울리지 않아 국적 불명의 건축물 같다. 그저 튼튼하게 지은 집일 뿐 이다.

1970년도 박정희 대통령에 의해 주도된 새마을운동도 그 직접적인 동기는 볏짚지붕인 농촌주택의 개량에 있었다. 겨울철 농한기를 이용해 시멘트, 슬레이트 등 건축자재를 지원해 볏짚지붕을 슬레이트로 개량했다. 당시로써는 엄청난 변화였다. 그 후 1970년도 1인당 국민소득 250달러에서 2만 달러를 넘는 국가로 성장했으나 아직도 농촌주택은 그 대부분이 1970년대 새마을운동 당시의 범위를 크게 벗어나지 못하고 있다. 일본을 보아도 전국 농촌 어디를 가나 검은색의 기왓장을 얹은 지붕을 가진 여러 모형의 일본풍 목조주택을 볼 수 있으며 프랑스, 영국 등 선진국도 그 나름대로 역사적 또는 문화적 컬러를 가진 주택들이 농촌 지역의 공통된 주택형태이다.

현재 한국농촌공사에서 보급하고 있는 표준설계는 이용자의 가족 수 등 주택의 크기에 따라 다양한 표준설계를 보급하고 있다. 그러나 개별 입지가 갖고 있는 독특한 주위 환경을 고려한 주택건설에는 매우 미흡하다. 다음과 같은 점이 고려된 새로운 차원에서 농촌주택 표준설계를 만들어 보급함이 어떨까 한다.

첫째로 우리의 전통적인 한옥과 현대적 주택이 조화된 새로운 독창적인 한국풍의 농촌주택을 설계할 수 없을까?

둘째로는 다양성을 크기에만 둘 것이 아니라 입지조건에 따라 산림 지역·평야 지역·강가 또는 바닷가의 특성을 살려 설계하고, 기후조건에 따라 눈이 많이 오는 지역, 바람이 센 지역, 남향·서향 등도 고려한다면 수요자의 요구에 맞는 다양한 맞춤형 표준설계가 될 것이다.

마지막으로는 모든 설계의 표준화·공장제조화를 더욱 확대해 대량 생산이 가능토록 한다면 가격 면에서도 매력이 있을 것이다.

우리 농촌마을에 우리 문화가 은근히 깃들어 있고 주위 풍광과 어울리는 농촌주택이 많이 보급된다면 도시와 농촌 간의 부동산 가격 격차도 좁혀질 것이다. 사회적으로 큰 문제가 되고 있는 도시와 농촌 간의 양극화 문제 해결을 농촌에 공장을 짓고 기업을 유치하는 데서만 찾을 것이 아니라, 농촌의 모습을 농촌답고 아름답게 만드는 노력도 함께 병행해야 더 효율적이 될 것이다.

보물선투기

　인류역사상 투기는 반복되고 있다고 한다. 금융 저널리스트인 제임스 그랜트는 과학과 기술은 발전하지만 금융투기는 반복된다고 했다. 이는 인간의 탐욕과 모방심리, 건망증 때문이다.

　2002년도에 터진 진도 앞바다 보물선 탐사 사기와 투기는 영국에서 300년 전인 1690년대에 주식회사 설립 붐을 타고 벌어진 보물선 인양회사 주식투기의 재판이었다. 보물선 인양회사 설립자들은 홍보를 위해 유명 인사를 회사에 영입했으며 선물옵션 거래를 통해 주가를 조작했다. 또 주식회사 인허가 당국 및 감독 당국에 주식뇌물을 제공했다. 보물선 인양이라는 사업 자체가 투기성이 강한 사업이기에 결국은 파국을 맞았고, 천정부지로 올라가던 주식은 하루아침에 휴지조각이 되었다.

　투기가 꼭 부정적인 면만 있는 것은 아니다. 경제학자들은 투기는 시장의 효율성과 유동성을 증대시킨다고 한다. 또 위험을 감수하는 투기성 자본은 경제 성장의 원동력이 될 수도 있다. 콜럼버스의 아메리카 신대륙 발견도 벤처투기 자금의 지원으로 이룩한 위업이다. 산업화 과정을 보면 새로운 기술혁명 후에는 항상 강렬한 투기와 몰락의 과정이 있었다. 산업혁명 후의 철도투기, 1920년대 자동차와 라디오기술 발전 시 주식 열풍과 대공황, 최근의 IT기술 혁명과 주식투기 등이 그것이다. 그러나 크게 보아서 투기는 결과적으로 관련 산업의 개편을 초래했을 뿐만 아니라 발전에도 큰 기여를 했다. 철도투기는 철도산업을, 자동차·라디오주식투기는 자동차와 전자산업을 발전시켰으며 IT주식투기는 IT산업을 발전시켰다.

하지만 불행하게도 투기 열풍에 가담한 개인은 대부분 역사의 희생물이 되었다. 수많은 투자자들은 일확천금의 꿈을 안고 투기에 가담했으나 거품과 투기의 희생물이 되었다는 점은 현재를 살아가는 우리들에게 많은 시사점을 주고 있다. 케네디 대통령의 아버지인 조셉 케네디는 대공황 직전에 주식을 모두 처분해 큰 이득을 현실화했다. 반면 네덜란드 튤립투기 열풍 당시 파국 하루 전에 가담한 화가 야반 고엔은 그 후 19년간 죽을 때까지 비참한 생활을 했다고 한다.

집단 도취

2007년 9월경 방한한 미국 캘리포니아의 주택 개발회사 A 회장을 몇몇 금융계 인사들과 함께 저녁식사를 하며 만난 적이 있다. 여러 대화 중 지금 미국 주택 시장은 어떠한가를 물었다. 그 당시만 해도 일본과 독일을 제외한 전 세계 주요 도시 주택 값은 끝없이 올라갈 태세로 계속 호황을 구가하고 있을 때였다. 그의 대답은 의외로 모기지 금융에 큰 부실이 예상된다고 했다. 소득이 없는 사람에게도 부동산 값의 거의 100%까지 금융회사가 경쟁적으로 융자를 해주고 있으므로 이는 곧 미국 경제에 큰 재앙이 될 것이라고 얼굴까지 붉히며 열변을 토했다. 또한 거래 금융기관 고위층에도 여러 차례 경고했으나 반응이 없었다는 말도 곁들였다.

우리나라의 경우 2006년부터 주택담보대출비율(LTV)을 40%로 낮추었고, 부채상환비율(DTI)도 도입했기에 미국의 경우와는 다를 것이다. 하지만 미국 경제가 흔들리면 우리도 영향을 안 받을 수가 없으므로 적지 않게 걱정이 되었다.

얼마 후 친교가 있는 외국계 증권회사의 애널리스트들에게 A 회장과의 대화를 전하면서 의견을 구했다. 그들의 대답은 한결같이 이는 부분적 현상이고 미국 경제 규모로 보아 큰 문제가 될 것 같지 않다는 낙관론을 견지했다. 경제연구소의 석학들을 만날 기회가 있어 그들에게도 의견을 물었으나 그들 역시 A 회장이 나무만 보고 숲을 보지 못한 것 같다고 폄했다.

이와 같이 많은 전문가들조차 사태의 심각성을 인지하지 못한 것은 부동산금융이 증권화됨으로써 문제점을 파악하기가 어려워지기도 했고, 금융공학이라는 신조어(新造語)가 생길 정도로 금융기법이 고도화되어 위험에 대한 인식을 줄어들게 만든 탓도 있었을 것이다. 그러나 실물경제 측인 미국 주택업계에서는 보다 실질적인 눈으로 사태를 주시할 수 있으므로 A 회장과 같이 1년 전에 그 위험을 알고 이를 강력히 경고하는 사람도 있었다. 그런데 어째서 미국에서 기업 및 금융기관의 건전성이나 문제점을 감시하는 여러 기관, 예를 들면 금융감독기구, 의회, 신용평가회사, 언론에서 심각하게 받아들이지 않았는지 알 수 없다. 아마도 주식이고 부동산이고 모든 전문가들과 투자가들이 거품에 도취되어 계속 오른다는 환상에 집단 도취돼 문제점이 눈에 보이지도 않고 귀에도 들리지 않았던 것 같다.

그 후 2008년 하반기에는 역으로 모든 사람이 극도의 공포에 질려 있었다. 집단 공포에 빠져있었다고 하겠다. 그러나 지금까지 전쟁에 패배해 역사 속에서 사라진 나라는 있었어도 금융위기로 망한 나라는 없었다고 한다. 그리고 어떠한 금융위기도 극복이 안 된 예가 없었다는 점도 마음에 두어야 한다. 우리는 스스로 판단해야 한다. 위의 경우와 같이 애널리스트, 경제학자 등 전문가들도 모두 틀릴 수 있기 때문이다.

부동산 알박이, 끝이 좋지 않다

　서초동 삼성그룹 타운은 테헤란로의 스타타워와 같이 강남의 랜드마크가 되는 건축물이다. 우리 전통 한옥의 문틀에서 모티브를 얻어 설계했다고 한다. 그럼에도 매우 간결하고 현대적인 모습을 갖고 있다. 그러나 가끔 그 앞을 지날 때마다 눈살을 찌푸리게 하는 형국이 있다. 바로 삼성타운 입지에 알박이가 된 작은 상가 건물이다.

　부동산 알박이에는 두 종류가 있다. 개발계획에 맞추어 의도적으로 자투리땅을 선(先)매입하는 경우는 적극적인 알박이다. 반면 원래부터 소유하고 있는 자투리땅이 개발계획과 마찰을 가져오는 경우는 수동적인 알박이라고 한다. 적극적인 알박이는 관련 법이 개선되어 점차 사라지고 있으나 수동적인 알박이는 아직도 각종 부동산 개발에 골치를 썩이고 있다. 탐욕스러웠던 수동적인 부동산 알박이의 몇 가지 사례를 소개하겠다.

　CASE 1. 참여정부 시절 한때 고건 총리가 국정을 대행한 시기가 있었다. 그 당시 국무총리 관저에서 주요 업계의 CEO들을 초청해 오찬을 하면서 업계 건의사항을 청취했다. 건설업계에서는 토지확보에 장애가 되고 토지 값을 올리는 부동산 알박이의 문제점에 대한 제도적인 해결책을 건의했다. 이러한 업계의 건의영향으로 그 날 9시 TV 뉴스에는 부동산 알박이가 시가의 100배까지 높은 가격을 요구한 적이 있다는 사례가 고발되었다.

　바로 그 다음날 A 사는 이상한 역풍을 맞았다. 사업지 귀퉁이에 붙

어 있는 10평의 소유주와 시가의 약 5배를 주고 매입하기로 협상이
마무리되는 단계였으나 100배라는 뉴스에 토지주는 연락조차 끊고
말았다. 이러한 뉴스가 토지주의 양심보다 탐욕을 건드리게된 결과
가 된 셈이다. 탐욕의 극치라고 생각하지 않을 수 없다. 결국 A 사는
매입을 포기하고 사업을 종료했다.

CASE 2. B 사는 사옥 설계 당시 약 50평 정도의 귀퉁이 토지를 토
지주에게 시가의 몇 배를 주고 매입하기로 했으나 매번 협상 최종
단계에서 철회하기를 수차 반복하자 할 수 없이 그 토지는 제척하고
사옥을 준공했다. 몇 년이 지난 후 그 토지주는 예전 가격보다도 싼
가격으로 매각 의사를 표시했으나 B 사는 거절했다. 결국 그 토지는
아직도 큰 부가가치 없이 사용되고 있다.

CASE 3. C 사는 부동산·주택 경기가 좋았던 2004년경에 대구의
모 사업지 약 2만 평을 확보했으나 잔여지인 1,000평을 토지주의 무
리한 요구로 확보하지 못하자 결국은 사업을 포기하게 되었다. 그 후
대구의 부동산 경기가 나빠졌고 그 곳은 아직도 빈터로 남아 있다.

너무 지나친 탐욕은 결국 그 끝이 좋지 않았음을 여러 사례가 보
여주고 있다. 탐욕스러운 알박이는 이해관계자 모두에게 정신적으
로나 실물경제적으로 손실을 가져다주는 마이너스 섬 게임(minus
sum game)이 된다.

나는 마광수 씨를 좋아한다

2008년 10월 미국 하원 청문회에 나온 전 FRB(Federal Reserve Board, 연방준비제도이사회) 의장 앨런 그린스펀은 의원들의 질문에 답했다. 그는 이번 금융위기의 근본 원인이 되고 있는 파생금융상품 규제를 반대한 것은 자신의 실책임을 인정했다. TV에 비친 그린스펀의 모습은 매우 힘이 빠진 모습이었으며, 자신의 실책을 인정할 때는 곤혹스러운 표정을 지었다. 그러나 자신의 실책을 승복할 수 있는 그의 용기는 돋보였다. 그럼으로써 그의 후임자에게도 자신 있게 새로운 해결책을 내놓고 신속히 처방할 수 있는 환경을 만들어주게 되었다. 그의 후임자인 벤 버냉키 의장 역시 최근 한 언론사와의 인터뷰에서 서브 프라임 모기지 부실이 세계 경제에 미칠 영향을 과소평가하는 실수를 했음을 솔직하게 인정했다.

필자는 마광수 씨를 좋아한다. 한 번도 만나본 적도 없고 또 그의 작품을 읽어본 적도 없다. 그러나 그의 솔직함, 자기 잘못을 공개적으로 인정하는 점은 우리 사회에서 매우 드문 케이스였고 용기 있는 승복이었다. 우리 사회에 큰 문제가 된 학술논문이나 예술작품에 대한 표절에 대해, 모 대학총장, 모 장관후보 등 어느 누구도 자기 잘못을 스스로 인정한 사람은 없었다. 마광수 씨만이 유일하게 스스로 잘못을 인정한 분으로 기억한다.

정직의 가치에 대해 우리 사회는 조금씩 향상은 되고 있으나 아직 선진국 수준은 못되었다. 한 예를 들면 1960년대 데모를 하다가

연행된 학생들에게 한 형사가 ROTC 후보생은 즉시 귀가시킬 테니 손을 들라고 했다. 당시 ROTC 후보생 규칙에 의하면 그들은 데모를 못하게 되어 있었다. 그러나 너무나 솔직한 한 친구가 손을 들었고 그는 끝내 ROTC에서 제적되어 하사관으로 군복무를 해야 했다.

반면 3공(共) 시절 이름만 대면 누구나 알 수 있는 실력자 L 씨. 그가 건국 초기에 군사영어학교 교육을 받을 때였다. 미국인 교관이 교육시간에 모든 교육생에게 눈을 감으라고 하고 학력을 속인 교육생은 손을 들라고 했다. 그 당시는 해방 직후 혼란스러운 사회 시스템을 이용해 많은 사람들이 학력을 속인 경우가 많았다고 한다. 유일하게 L 씨만이 손을 들었고 그는 그 후 미군 당국의 신임을 받아 승승장구하게 되었다고 한다.

정직이 주요시되는 사회가 선진국이다. 못 사는 사회, 나라일수록 정직의 가치가 낮게 평가되고 있다. 우리나라의 정직에 대한 시각은 조금씩 개선은 되고 있으나 아직은 선진국 수준이 못되고 있다. 부동산 정책만 해도 그렇다. 과거 10년간 수많은 새로운 제도와 법령이 나왔고 상당 부분이 성공하지 못하고 많은 부작용이 나왔지만 어느 누구도 그 정책에 대한 잘못을 인정하지 않았다. 만약 용기 있는 정책 책임자가 자기의 실수를 솔직히 인정했다면 그 후임자는 보다 효율적으로 새로운 정책을 추진할 수 있었을 것이다.

퍼블릭이 좋아야 한다

새로 개항한 인천공항의 일반 라운지는 귀빈실 못지않게 전망이 좋고 쾌적하다. 런던의 명물 중 하나인 택시는 도시미관과 잘 어울릴뿐더러 웬만한 자가용보다 더 안락하고 안전하다. 일본 사람의 주택을 닭장이라고 까지 하지만 그들의 정부청사, 전시관, 은행 등 공공건물들은 매우 웅장하고 멋이 있다. 미국은 골프장의 경우 퍼블릭 코스가 오히려 프라이빗 코스보다 좋은 경우가 허다하다. 세계적으로 유명한 페블비치 코스도 퍼블릭 코스이다.

공원은 말할 것도 없이 훌륭한 공공시설이다. 어떠한 개인의 정원도 여의도공원, 런던의 하이드파크, 뉴욕의 센트럴파크를 따라 올 수 없다. 일본 온천장의 경우도 좁고 답답한 객실 욕조보다는 공공 욕실이 온천물도 훨씬 풍부하고 전망도 좋다. 세계 유명 도시들의 최고급 식당에서 제일 좋은 자리는 대개 독립된 밀실이 아니라 오픈된 전망 좋은 테이블이다.

필자는 가끔 큰 카페테리아 식당에서 점심 식사를 하기도 한다. 시설이나 인테리어도 매우 좋아졌고 화창한 봄날이나 햇살이 따뜻한 가을에는 폐쇄된 음식점에서 종업원들의 서비스를 받으며 하는 식사보다 많은 사람들과 같이 셀프서비스로 하는 식사가 더 즐겁기 때문이다.

위에서 열거한 여러 사례와 같이 여러 면에서 퍼블릭용이 프라이빗용 못지않게 쾌적하고 편리하며, 오픈된 것이 폐쇄된 것보다 선호

되는 사회가 문화선진국이라고 생각한다. 이런 시각에서 시급히 개선되어야 할 일이 있다.

어느 현충일에 ROTC 동기생 묘소를 참배하기 위해 동작동 현충원에 가보고 매우 착잡했다. 왜냐하면 국립묘지의 조경이나 화장실 등의 부대시설물과 그 유지 상태가 1970년대 수준에서 나아진 것이 없었기 때문이다. 일부이긴 하지만 개인들은 호화묘지다 하여 쓸데없는 낭비를 하는 판에 순국선열과 호국 영령들이 잠들어 있는 우리나라 제일의 동작동 국립묘지 조경 상태는 2류 골프장 수준보다 못한 것 같다. 이와 같은 퍼블릭 시설은 우리나라 최고의 조경과 시설이 되도록 투자를 아끼지 말아야 한다고 생각한다.

한계효용균등의 법칙

인간의 욕망은 무한하지만 이를 만족시켜주는 행복의 수단은 제한되어 있는 것이 현실이다. 그러나 행복을 극대화하기 위한 행동 기준은 있다. 그것은 한계효용균등의 법칙이다. 이는 일정한 소득을 가진 사람이 그 소득을 배분 또는 투자할 시에 가장 효과적이고 최대의 만족을 얻기 위해서는 한곳에만 집중하지 말고 여러 부분에 한계효용이 균등하도록 배분하는 것이다. 경제 이론이라기보다는 다소 철학적인 면이 강한 이론이다.

최인호의 작품 《상도》에 나오는 계영배(戒盈杯)의 뜻도 한계효용균등의 법칙과 통하는 면이 있다. 조선시대 거상 임상옥은 넘치게 술을 따르면 자동적으로 흘러서 없어지는 신비의 술잔 계영배를 통해 투자 이론을 터득하고 지나친 욕심을 경계하곤 했다고 한다. 부동산, 증권 등 자산 시장에서 투자의 기본이 되는 포트폴리오의 개념이나 계란을 한 바구니에 전부 담지 말라는 투자 격언 역시 한계효용균등의 법칙과 일맥상통한다. 이 논리는 투자의 세계에서 뿐 아니라 인생살이에 있어서도 많은 것을 시사해 주고 있는 이론이다.

인간의 행복을 결정하는 데는 건강, 가정, 명예, 직장 또는 사업, 재산, 친구, 자식 등 각자의 개성에 따라 열거할 수 없을 정도로 수많은 요인들이 있다. 1970년대에 런던 출장을 갔을 때, 지난날 대영제국으로 불리었고 부유한 선진국으로 알고 있던 그곳에서도 지친 모습으로 구걸하는 거지들이 있는 것을 보고 어느 나라에서 사느냐 하는 것이 그 사람의 행복에 미치는 영향은 미미하다고 생각하게 되었다.

한계효용균등의 법칙은 우리에게 재산이나 명예에 너무 치우쳐서는 한계효용이 균등하게 안 되고, 건강과 가정도 챙기고 주위 사람도 소중이 여기며 감사한 마음으로 살아야 한계효용이 균등해져 행복이 극대화된다는 것을 가르쳐주고 있다. 가을의 송이도 두세 번째 젓가락까지가 향기롭고 특별한 것이지 그 이상은 별미가 없어지는 것과 같이 아무리 좋은 것도 지나치면 그 효과가 떨어지게 되는 것이 사람의 마음이다.

국기 게양과 부동산가치

국기는 한 나라를 상징하기 위해 그 나라의 표지(標識)로 정한 기이다. 우리보다 먼저 시장경제와 자본주의가 발전되었고, 그 부산물의 하나인 상업주의가 만연되어 있는 선진국들도 자기 국기는 평일에도 자랑스럽게 게양하고 있다. 대형 빌딩, 쇼핑몰, 호텔 등 공공장소는 물론이고 주택에서도 그 나라 국기를 자주 볼 수 있다.

우리의 경우도 국무총리 훈령으로 2002년부터는 국민들이 일상생활 속에서 태극기를 좀 더 가까이 할 수 있는 기회를 제공하기 위해 평일에도 태극기를 게양하도록 허용 내지 권장하고 있다. 그러나 아직은 시행 상태가 만족스럽지 못하다. 관공서나 군부대 그리고 프라임급 대형 건물들은 태극기를 매일 게양하고 있으나 일반 주택과 아파트, 중소형 건물의 경우는 국경일에도 태극기를 게양하는 비율이 매우 낮다. 또 국기게양대를 건물 한 귀퉁이에 설치했거나 건물 크기에 비해 너무 작은 국기를 게양한 경우도 자주 목격되고 있다. 다만 테헤란로만이 유일하게 권문용 강남구청장 때부터 평일에도 가로에 태극기를 모양 좋게 게양하고 있어 가로뿐 아니라 주변 건물들의 품격을 한껏 높여주고 있다.

부동산산업은 극히 자본주의적인 평화산업이다. 부동산의 개발·운영·거래를 목적으로 하는 부동산산업은 시장경제와 자본주의 체제 하에서나 존재할 수 있고 꽃 피울 수 있는 산업이다. 많은 사람들이 강남의 모 아파트부녀회의 가격담합같이 자기 소유 부동산의 가치 상승을 위해서는 힘든 일도 마다하지 않으면서도 정작 부동산 시장을 떠받치고 있는 기본, 즉 국가의 정체성에 대해서는 감사해야 하는 것을 잊고 있는 것 같다.

국기를 게양하는 것은 국가에 대한 존경과 충성을 의미한다는 목적 외에도 그 지역, 그 주택의 가치를 올리는 역할을 한다. 왜냐하면 그 지역, 그 주택에 사는 사람들이 그 부동산의 가치를 떠받치고 있는 기본인 국가의 정체성에 대해 감사히 생각하고 있음을 표시하기 때문이다. 다시 말하면 이러한 기(氣)가 부동산가치를 떠받치고 있는 기본인 것이다.

올바른 국기 게양을 위해서는 지속적인 홍보와 교육이 필요하겠지만, 우선 국기를 편안하게 게양할 수 있는 시설이 마련되어야 한다. 이러한 개선은 부동산업계의 몫이다. 아파트 발코니에는 국기를 꽂을 수 있는 시설이 설치되어 있으나, 발코니를 확장할 때 일부는 제거되기도 하고 게양하기에 불편하게 바뀌는 경우도 많다. 앞으로는 돌출형으로 만들어 태극기를 손쉽고 모양 있게 게양하도록 해야 한다. 또 대형 빌딩뿐 아니라 중소형 빌딩들도 알맞은 국기게양대를 만드는 것이 좋겠다. 이러한 개선사항들을 건물 준공검사가 관련된 지방 자치단체 조례와 연결시킨다면 더욱 효과적으로 시행될 것이다.

chapter 02

부동산 시장의 특성

영국의 경제지 〈이코노미스트〉는 부동산이 다른 자산과 차별화되는 점은 부동산은 지위재(positional goods)이기 때문이라고 했다. 즉, 좋은 학군, 좋은 주소는 동서를 불문하고 프레스티지(prestige)를 추구하는 인간의 욕망을 충족시키기 때문이라고 분석한다.

부동산 입지의 중요성 더 커진다

부동산에는 부동성(不動性)과 부증성(不增性)이라는 특징이 있어 입지가 매우 중요하다. 특히 상업용 부동산에 있어서는 보다 더 전문화되어있다. 예를 들면 비탈길은 아래쪽이 유리하고, 철도나 지하철 역을 향한 가로에서는 우측편이 유리하며, 동서로 관통한 가로는 해가 지는 쪽인 서측이 유리하다고 한다. 입지만큼 유통업 등 상점가에 중요한 것은 없다. 더불어 고려해야 할 요소도 고객의 성향과 양, 접근성, 고객의 통행 패턴, 가로의 구조 등 매우 복잡하고도 다양하다.

최근 금요일 저녁시간 무렵에 실로 오랜만에 명동 길을 걸어보았다. 필자가 대학 생활 및 사회 초년생 생활을 했을 때인 1960년대 명동은 서울 최고 중심지였다. 도시가 다핵화되지 않았을 시절이었으므로 중심 상업지로서의 명동은 정말 대단했었다. 아직도 명동 뒷골목 하나하나가 머릿속에 남아있다. 최근에도 그 인파나 유동인구는 그 시절과 다름없었으나, 매우 놀란 것은 1960년대 그 인파에도 한적했던 몇몇 명동 내 특정 가로는 지금도 변함없이 다른 가로와 달리 인적이 드문 것이었다. 주위의 상점 간판은 전부 바뀌었지만 가로나 건물 형태는 1960년대 모습 그대로이다. 이는 그만큼 입지가 중요한 것을 웅변한다고 하겠다.

맥도날도 사의 실질적인 창업자인 레이 크록(Ray Kroc) 회장과 텍사스 오스틴대의 MBA과정 학생들이 갖은 간담회 자리에서 한 학생이 맥도날드 사는 무엇을 파는 회사인가 질문을 했다. 크록 회장의 대답은 뜻밖에도 패스트푸드가 아니고 입지였다고 한다. 맥도날드 사는 1970년대부터 좋은 위치의 점포를 선점함으로써 경쟁 우위를 지켰다. 우리나라의 신세계 이마트의 성공 사례도 같은 예라고 볼 수 있다.

영국의 경제지 〈이코노미스트〉는 부동산이 다른 자산과 차별화되는 점은 부동산은 지위재(positional goods)이기 때문이라고 했다. 즉 좋은 학군, 좋은 주소는 동서를 불문하고 프레스티지(prestige)를 추구하는 인간의 욕망을 충족시켜주기 때문이라고 분석했다. 명동의 특정 가로의 예와 같이 상업지는 물론이고 주택지, 공업용지 등 모든 부동산에 있어 입지의 중요성은 앞으로도 변함없이 지속될 것이다.

부동산에도 **희소성**이 중요하다

부동산 시장에서는 부동산의 실용적 가치와 별개로 그 부동산에 희소성이 있느냐 없느냐가 가치 평가에 큰 영향을 주고 있다. 우리가 살아가는 데 필수인 산소는 희소성이 없어 경제적 가치가 없지만 작고한 유명화가의 작품은 희소성이 시간이 지날수록 높아져 가치가 올라가는 것이 일반적인 현상이다. 예를 들면, 필자가 평소에 좋아하고 갖고 싶은 그림이 있었다. 특이한 밝은 색으로 주로 과수원 등 농원을 그린 이대원 화백의 작품이다. 2005년 이 화백이 작고하자마자 그림 값이 2배 이상 올라 구입을 포기한 경험이 있다.

이 논리는 부동산 시장에도 그대로 적용되고 있다. 미국의 유명한 개발업자 도날드 트럼프는 오클라호마의 토지는 싫어하고 맨해튼을 좋아한다고 한다. 왜냐하면 오클라호마는 광활한 토지가 널려 있으나 맨해튼은 물로 둘러싸여 있어 희소성이 보장되기 때문이라고 한다.

희소성을 만드는 데는 물 또는 성벽 같은 물리적 장벽뿐 아니라 관습이나 제도, 법령으로 규제의 숲을 만드는 경우도 자주 있다. 우리 부동산 시장에서도 물리적 장벽보다 오히려 규제의 숲이 희소성을 만들어 주는 경우가 더 많다. 예를 들면 강남 고급 아파트의 희소성을 올려주는 원인은 세 가지로 생각할 수 있다. 첫째로는 기존 고급 아파트 소유자가 기득권 보호를 위해 새로운 고급 아파트 공급을 방해하는 경우이다. 둘째로는 주택업자가 고층의 고급 아파트를 공급할 수 있는 기술적 또는 재정적 능력이 없어 공급을 못할 때이며, 셋째로는 정부의 규제로 새로운 공급이 억제될 때이다. 지금의 우리 상황은 세 번째 원인인 정부의 규제라고 누구나 쉽게 알아맞힐 수 있다.

토지 시장도 마찬가지다. 우리나라는 도시화율이 전국토의 6%에 지나지 않는다. 선진국 평균인 10%에 훨씬 못 미치고 있다. 주택, 공장건설을 위한 토지 공급을 묶어두는 각종 규제를 제거할 때 토지에 대한 희소성이 줄어들어 값이 조정될 것이다.

한때 정책 당국의 부동산 정책이 다소 감성적인 면이 강했던 적이 있었다. 강남의 부자들을 징벌하기 위한 성격이 강했다. 강남 고가 아파트에 대한 반감으로 강경한 정책을 시행하다보니 결과적으로 강남 지역에 고급 아파트 공급이 제약받게 되었다. 결국 이는 오히려 기존 강남 고급 아파트의 희소성만 높여주는 모양이 되기도 했다.

앞으로 정부의 정책이나 주택업계의 동향이 내가 사는 동네 또는 내가 이사 가서 살고 싶은 지역의 주택이나 토지의 희소성을 높여주는가 또는 희석시켜 주는가를 주시할 필요가 있을 것이다. 왜냐하면 희소성의 강도에 따라 그 부동산의 편익이나 장점과는 별개로 부동산 가격이 크게 차이가 날 것이기 때문이다.

금융과 부동산

샌프란시스코에 위치한 뱅크 오브 아메리카(Bank of America) 본점 로비 벽면에는 "고객의 필요에 서비스하는 것이 진정한 은행이다"라는 이 은행 창립자인 A. P. 지아니니의 어록이 새겨있다. 그는 1906년 4월 18일 샌프란시스코를 강타한 대지진 다음 날부터 부둣가에 간이점포를 차리고 재해를 입은 소상인, 주택복구를 원하는 서민들에게 서명만 받고 신용대출을 해준 전설적인 금융가이다. 그로부터 100년이 지난 현재의 우리로서도 상상하기 어려운 적극적인 금융회사의 모습이 아닐 수 없다.

해마다 겪는 홍수피해 복구 지원도 복잡한 행정절차로 항상 뒤늦게 이재민에게 전달되곤 하는 것이 우리 현실이다. 1960년대부터 시작된 산업화를 위한 개발 시대에는 만성적으로 자금 부족이었다. 금융기관은 담보대출 위주였고, 자원 배분도 공장 건설 자금이 우선이었으며, 부동산금융을 포함한 소비금융은 우선순위에서 한참 밀렸다.

그러나 2000년대에 들어서서는 정반대로 부동산금융이 너무 적극적이어서 실물 부동산 거래를 좌지우지하는 상황이 되었다. 더욱이 부동산금융이 증권화함으로써 규모가 더 커졌고, 문제시 책임 소재를 파악하기가 복잡해지고 어려워졌다. 전 세계가 영향을 받고 있는 미국 서브프라임 모기지 문제도 여기에서 비롯되었다. 개발 시대에는 금융이 너무 소극적인 것이 문제였으나 작금의 문제는 부동산금융 분야에서 금융 쪽이 너무나 적극적이고 실물 거래에 앞서가고 있는 점이다.

그러나 다행히 앞을 내다 본 현명한 정책이 있었다. 2006년부터 당시 청와대 김용덕 경제보좌관의 선제조치로 LTV(융자비율)을 40%까지 낮추었고 DTI(소득비율)도 처음으로 도입했다. 다른 어떠한 규제보다도 시장경제의 질서를 깨지 않으면서도 효과적인 정책이었다. 그 덕에 아직 우리 주택·부동산금융은 대체로 건전하게 운영되고 있다고 평가할 수 있다. 외국인 투자가들도 일부를 제외한 대부분의 우리 주택·부동산 시장에는 거품이 없다고 보는 이유도 이러한 현명한 정책 덕이다. 이 정책 시행 후 여러 번 규제완화 또는 부동산 경기 활성화대책으로 폐지하자는 압력도 많았다. 부분적으로 보완은 했지만 아직 그 골격은 유지하고 있는 것은 이 정책이 얼마나 효과적이었나를 말해주고 있다.

대학에 금융공학이라는 과목이 생길 정도로 금융기법이 나날이 고도화되고 있고 증권화되고 있지만 위험을 나눌 뿐이지 감소시킬 수는 없다. 오히려 위험에 대한 인식만 줄어들게 만들고 있다. BoA의 지아니니식(式) 신용대출도 장려되어야겠지만 금융이 실물경제를 너무 앞서가지 않도록 적절히 관리되어야 한다. 당장은 고통스럽지만 장기적으로는 모든 시장참여자에게 도움이 되는 방향이다.

부동산과 미술품

런던의 금융가 씨티의 상업은행, 투자은행의 중역실·회의실에는 어김없이 유명작가의 그림이 걸려있어 그 방의 분위기를 한층 높여 주고 있다. 뉴욕 월 스트리트 역시 마찬가지다. 지금도 걸려있는지 모르겠지만 한때 한국은행 로비에 걸려 있던 김인승 화백의 쌍폭그림은 방문객에게 매우 감동적이었고 기쁨을 주었다. 20여 년 전에 본 그림이지만 아직도 기억에 생생하게 남아있다. 첼로를 연주하는 첼리스트 그림 한 폭과 그 바로 옆에 그녀의 선율을 감상하고 있는 젊은 남녀의 진지한 모습을 그린 쌍폭 그림이었다.

미술사를 연구하는 전문가는 최근의 흐름을 어떻게 기술할지 모르겠지만 부동산과 미술품과는 서로 밀접한 관계가 있다. 첫째로 주거 형태가 미술품의 선호에 큰 영향을 미치고 있다. 한옥이나 단독주택 중심의 주거 시대에는 동양화가 인기였으나 아파트가 주거문화를 주도하면서 서양화 쪽으로 기울고 있다. 둘째로는 미술품 수요는 사무공간과 상업시설의 변화와도 관계가 크다. 우리나라는 제조업 중심으로 오늘날의 경제성장을 이루었지만 앞으로는 금융과 서비스산업도 발전하게 될 것이다. 그렇게 되면 고층, 프라임급 오피스빌딩이 곳곳에 들어서게 될 것이고 호텔·레스토랑·백화점 등 각종 상업시설이 좀 더 고급화됨에 따라 미술품에 대한 수요도 대폭 늘어날 것이다.

이러한 트렌드를 맞이해 우리의 미술품 관리나 운영에 대한 생각도 바꿔야 할 때가 왔다. 단순히 좋아서 또는 투자가치가 있어서 수집해서 소장하는 것만으로는 무언가 부족하다. 다이아몬드, 루비 같은 보석도 미술품과 같이 수집의 대상이나, 미술품에 비해 가격은 그리 오르지 않고 있다. 아마도 웰빙 바람을 타고 이제는 고가의 보석으로 치장하고 파티나 모임에 나가는 것이 부담된다고 생각하는 사람도 많이 늘어나고 있는 것도 하나의 이유가 될 것이다. 그러나 더 큰 이유는 그 보석은 어디다 걸어 놓거나 전시하기가 어렵기 때문이 아닌가 생각한다.

미술품의 예술성과 희소성도 중요하겠지만, 이를 전시해서 많은 사람에게 기쁨을 주고, 또 그들의 입에 오르내리는 등 평가도 받을 때 그 가치를 다한다. 연극이나 음악도 이를 알아주고 같이 호흡하는 관객과 청중이 많을 때 그 진가가 발휘되는 것과 같은 이치이다. 좋은 미술품을 수집해서 소장만 할 것이 아니고, 회의실·고층건물 로비·리셉션 데스크 벽면 등에 전시하면 미술품과 건물이 어울리게 되어 미술품과 부동산이 함께 가치가 올라가게 된다. 기업의 대주주도 소장하고 있는 그림이나 조각을 회사에 적절한 값으로 임대해 회의실·중역실 등에 전시시킨다면 이중의 효과가 있을 것이다.

부동산 시장의 **특성**을 고려하자

　부동산은 다른 상품과 달리 부동성이라는 특징이 있어 부동산 시장에는 국지적(局地的) 시장이 존재하는 특성을 갖고 있다. 공장에서 대량 생산되는 자동차나 TV 같은 내구 소비재와 달리 같은 평수, 같은 품질의 아파트라고 해도 위치에 따라 그 값은 큰 차이를 보이고 있다.

　국지적 시장이 성립되면 아무리 부동산 경기가 나쁘다고 해도 개발호재를 갖고 있는 특정 지역 토지나 희소가치를 갖고 있는 지역의 아파트는 값이 떨어지지 않고 오히려 오를 수도 있다. 물론 그 반대 현상도 우리 주위에서 자주 목격되고 있다. 예를 들면 아무리 좋은 부동산 호경기 시절이라고 해도 공해시설 같은 기피시설이 들어오면 주변 부동산 값은 오히려 떨어질 수 있다. 우리는 이러한 국지적인 특수 상황에서 거래되는 부동산 거래를 불공정 거래라고 하지 않는다. 왜냐하면 '국지적 시장' 같은 다소 전문적 용어를 사용하지 않고서도 누구나 쉽게 부동산의 특성으로 이해하기 때문이다.

　국지적 시장이 존재하는 부동산 시장의 특성은 정부의 부동산 정책에 확고히 고려되어야 한다. 한때 지난 정부에서는 강남을 포함한 특정 지역의 부동산 값 안정을 최대의 정책 목표로 하여 특정 지역의 국지적인 현상을 일반적인 현상으로 확대 해석했다. 결국은 세금폭탄이라고까지 말할 수 있는 강력한 조세정책과 수요억제정책 등 친시장적(親市場的)이지 못한 수단에 의존하는 결과가 되었다.

　일부 특정 지역의 부동산이 급등을 한다고 그 시장을 안정시키기 위해 전국적으로 적용되는 강력한 안정정책을 시행할 필요는 없다. 그저 이를 시장 메커니즘에서 해결하도록 내버려두는 의도적인 여유가 필요하다. 정책 당국의 입장으로서는 손 놓고 가만히 있는 것 같아 불안하겠지만 이 고비를 넘겨야 친시장적인 정책을 구사할 수 있는 여지가 생긴다. 추가 조치는 그러한 특수한 국지적인 현상을 만들어내는 원인을 찾아 이를 제거하는 선에서 그쳐야 한다.

　예를 들면 그 원인이 희소성에 있다면 그 희소성을 희석시키기 위해 동급 동질의 공급을 늘리도록 하든지, 또는 그 원인이 그 지역만의 특수한 개발호재라면 해당 지역의 공시지가 등을 즉각 현실화하는 등 해당 지역에만 적용되는 조치 이상을 넘을 필요가 없다. 국지성을 고려하지 않은 그 이상의 조치는 시장 실패만 가져올 뿐이다.

인터넷 아파트쇼핑몰 등장할 수도

얼마 전 어느 모임에서 은퇴하신 노부부가 우리나라 부동산 중개 수수료가 너무 비싸다고 불평하는 이야기를 들었다. 분당에 사는 아들이 소형 평수의 아파트를 거래했는데 부동산 중개수수료가 젊은 사람들이 감당하기에 너무 과다하다는 반응이었다. 사실 수수료율 자체만 보면 우리나라가 외국에 비해 매우 저렴한 편이다. 일본의 경우 매매 양편에서 3%씩 6%를 부담한다. 미국의 경우 파는 쪽만 5%를 낸다. 우리의 경우 거래 금액에 따라 약간의 차이는 있지만 양편에서 0.9%씩 받는 것이 최고 수수료율이다. 하지만 지방 자치단체 예규로 실행률은 보통 아파트의 경우 0.5% 정도로 인하해서 시행되고 있다. 다만 권리 분석, 가치 평가, 거래안전 보증 등 부가서비스는 아직 외국 제도에 비해 부족하다. 외국에 비해 중개수수료가 매우 저렴하지만 부동산 거래에 관련된 모든 절차를 포괄적으로 일괄 처리해 주는 시스템은 아니다.

IT산업 발전에 따라 온라인 쇼핑이 늘어나고 있다. 요즘 젊은 사람들은 옷가지는 물론 가전 등 생활용품도 꼭 백화점이나 쇼핑몰에 갈 필요 없이 온라인 시장에서 저렴하게 구입하고 있고 경매·역경매기법까지 동원되고 있다.

부동산 거래에서도 이와 같은 시도가 있다. 일본 IDU라는 자스닥(JASDAQ)에 상장된 회사에서는 온라인을 통해 부동산 거래를 정형화하고 GPS 시스템을 이용해 거래물건정보를 영상화하고 있다. 감정평가, 권리 분석, 에스크로(ESCROW) A/C 개설 등 거래 안전 시스템도 만들어 경매를 통해 맨션, 주택 등 부동산 거래를 시작했다. IDU는 온라인에서 도쿄 부동산 거래소를 개설하는 것을 목표로 하고 있다. 일본 부동산 업계에서는 이러한 시도의 성공 여부는 미지수이나 신선한 아이디어라고 평가하고 있다.

영국 IPD 사에서는 이미 3~4년 전부터 뉴욕·런던·도쿄·홍콩 등 전 세계 주요 도시의 부동산 거래지수를 만들고 있다. 우리 서울에 대해서도 관련 자료를 수집하는 등 관심을 갖고 있다. 앞으로 이러한 시도들이 성공하게 되면 증권 시장에서 코스피(KOSPI)와 연결된 파생상품이 나오듯이 부동산 시장에서도 부동산지수와 연결된 파생상품이 등장할 것이다.

불과 20년 전만 해도 상상만 했던 홈쇼핑이 이제는 보편화되었듯이 부동산 중개 시장에도 위와 같은 작은 변화가 앞으로 언젠가는 부동산 거래관행에 큰 변화를 가져올 수 있다. 이러한 새로운 시도가 성공해 앞서 말한 노부부 같은 사람들의 걱정을 덜어줄 수 있는 방향으로 부동산 거래관행이 개선되기를 기대한다.

부동산과 저출산

미국 디즈니랜드나 호주의 어린이 공원에서 만나는 젊은 부부들은 대부분 2명 이상의 아이들을 동반하고 있다. 반면에 서울어린이대공원에는 1명 이상을 데리고 오는 경우를 보기가 어렵다. 2007년 황금돼지 해에 잠깐 반짝했던 출산율이 그 다음 해부터 다시 떨어지기 시작해 세계적으로 가장 낮은 수준인 1.19명이다. 만약 출산율이 1.0으로 더 떨어져 지속된다면 300년 후에는 지구상에서 한국인이 완전히 없어지게 된다고 한다. 매우 심각한 문제가 아닐 수 없다.

출산율이 떨어지면 즉각 영향을 받는 산업은 산부인과 병원과 유아용품산업이다. 하지만 종국에는 국내 소비와 연결된 모든 산업이 영향을 안 받을 수 없고 모든 분야에서 국력이 약해질 수밖에 없다. 특히 부동산 시장의 경기는 인구 문제와 직결된 분야이다. 현재도 사회 문제가 되고 있는 수도권과 지방의 양극화 문제의 기본은 수도권으로 지방인구가 몰리는 현상 때문이다.

필자가 경험한 한 사례를 소개해보겠다. 약 10년 전 인구가 약 10만 명 정도인 지방도시에서 SOC 투자법인의 본사를 유치했다. 약 500명 정도의 상주 및 유동 인구가 늘었으나 그 파급효과는 대단해 시내 음식점이 금방 생기가 돌았고, 주요 아파트 값도 30% 정도가 상승했다.

현 인구 5,000만 명 선을 유지할 수 있도록 출산율을 높이기 위해서 정부에서도 보육비 지원, 세금 및 주택분양 등에 우대하는 등 다양한 지원정책을 펼치고 있지만 젊은 부부의 마음을 돌리기에는 한참 부족하다. 국가안보나 교육 문제 이상으로 국가 존망이 달린 사안이므로 최고의 우선순위를 두고 다음과 같은 획기적인 조치가 필요하다.

첫째로, 우리나라 헌법에 출산에 대한 의무를 선언적이라도 언급해야 한다. 우리가 학교에서 배운 국민의 의무인 국방, 납세, 교육에 추가해 출산의 의무를 선언적으로라도 명시할 필요가 있다. 그래야만 지속적인 교육과 홍보가 되고 국가의 지원이 지속적으로 계속될 수 있다.

둘째로, 저출산의 가장 큰 원인인 보육비 지원을 위해 과거 방위세와 같이 출산과 육아를 지원하기 위한 목적세로 보육세를 시설해 중앙정부가 발 벗고 나서야 한다. 지금과 같이 보육비 지원을 재정이 빈약한 지방정부에 의존해서는 큰 효과가 없다. 보육세를 신설해 신생아가 취학할 때까지 정부에서 책임을 지고 건강과 보육 문제를 해결해 주어야 한다. 그래야만 젊은 부부의 마음을 돌려놓을 수 있고, 이러한 지원은 단순한 지출이 아니라 미래를 위한 시급한 투자라는 국민적 공감대를 얻을 수 있다.

보육세 신설은 국회에서 조속히 입법화하고, 출산의무를 헌법에 선언적으로 명시하는 문제는 앞으로 대통령 연임 또는 내각제 등 헌법을 손질할 때 추가해 공론화할 필요가 있다.

도시 발전 역사를 눈여겨보자

일본 홋카이도에 수차 여행한 바 있으나 주로 리조트에서 묵으며 운동이나 휴식을 하는 여행이었다. 그러나 최근 여행사를 따라 홋카이도 개척사가 숨어있는 역사적 현장을 둘러 볼 기회가 있었다. 좋은 자연 환경에서 운동을 하는 여행도 좋지만, 그 지역의 역사를 배우고 각각의 명소마다 가지고 있는 나름대로의 스토리텔링을 들어보는 것도 매우 유익했다. 예를 들면 중학교 영어교과서에 나오는 "Boys be ambitious(소년이여, 야망을 가져라)!"라는 가슴 설레는 문장은 홋카이도 개척 중학교의 미국인 교장선생님이 학교를 떠나면서 어린 학생들에게 한 이임사의 한 구절이었다는 이야기도 흥미로웠다.

관심을 끄는 또 하나의 이야기가 있었다. 홋카이도 삿포로 도시건설 당시의 유곽촌이 지금은 삿포로시에서 가장 번화한 유흥가 스스키가로 자리잡고 있다고 한다. 도쿄의 번화가 중 하나인 아사쿠사도 도쿄 개발 당시의 유곽촌이었다는 이야기도 곁들여서 들었다. 필자는 이러한 사례를 미리 들었었다면 건설회사 CEO 시절에 용산역 앞 유곽촌 토지를 좀 더 넓게 매입했을 것이라고 탄식했다. 당시에 회사가 재개발 수주에 관심이 많았으므로 회사 자산으로 100여 평만 매입하고 유곽촌인 것이 꺼림칙해서 그 이상은 생각하지 않았었던 경험이 있다. 얼마 후 그 토지 값은 몇 배나 올랐다.

이미 산업사회에서는 도시가 강을 끼고 발전한다는 것이 상식으로 통하는 일이다. 런던, 파리의 경우가 대표적인 사례이다. 우리 한국 부동산투자가들은 이러한 평범한 원칙을 1970년대 강남 개발이 되고서야 깨달았다. 베트남의 호치민시의 경우 이제 사이공 강 건너에 푸미홍이라는 새로운 도시가 개발되고 있는 중이다. 서울과 한강의 사례에서 학습한 발 빠른 한국 투자가들은 이미 상당한 투자를 하고 있다. 덕분에 한국인 학교도 개교되었고 최근에는 롯데마트와 롯데시네마가 개관되었다.

금융허브에 대해서도 세계 주요 도시의 금융허브 발전 역사를 고려해야 한다. 지금은 금융위기로 잠잠해졌지만 금융허브가 되겠다는 지역이 너무나 많다. 청라, 송도, 여의도, 구도심 지역, 부산 문현동 등이다. 세계적인 금융허브는 한나라에 하나만 되어도 매우 성공이다. 이는 이미 전 세계가 경험한 사실이다. 외국의 사례가 말해주는 기본을 잊지 말고 국가 차원에서 현명한 조정이 필요하다.

오래전 한때 삼성 그룹에서 경비절약을 위해 해외 출장자들의 출장 일정을 대폭 축소한 적이 있었다. 그러나 이건희 회장 지시로 없던 일로 했다고 한다. 그 주된 이유는 비싼 여비를 드려 간 출장이니 그 도시의 모습도 둘러보고 미술관 관람 등 문화 체험도 하여 안목을 높이라는 배려였었다고 한다.

옛 속담에 귀여운 자식은 여행을 시키라는 말이 있다. 관광여행의 일차적인 목적은 휴식과 재충전일 것이다. 그러나 사전에 그 지역의 역사를 공부하고 수준급의 여행 안내인을 선택해 평소에 듣지 못한 새로운 스토리를 듣는 것은 훌륭한 공부가 된다. 이는 부동산 투자뿐만 아니라 여러 면에서 안목을 키우는 좋은 방법이다.

부동산과 기(氣)

건축전문가가 아닌 보통 사람이 자기 나름대로 구상한 주택이나 건물을 짓는다는 것은 쉬운 일이 아니다. 우선, 유능한 설계사와 믿을 만한 건설회사를 만나야 한다. 또 복잡한 인허가절차 외에 신경이 쓰이는 주위의 민원 문제가 있다. 공사현장은 이웃 주민들에게 먼지, 소음 등으로 공사기간 동안 많은 불편을 주게 되고, 일조권, 조망권 등으로 이해관계가 대립되는 경우가 종종 있다. 그러다보니 당사자 간에 원만한 해결을 못하고 법정소송까지 가능 경우를 가끔 볼 수 있다.

세상사 모든 일에는 기(氣)가 있고 이는 곧 마음이라고 생각한다. 흔히들 경험하는 텔레파시도 마찬가지다. 기라는 것은 사람과 사람 사이에서만 통하는 것이 아니고 사람과 물체와도 통하고 연결된다. 골동품 중에서도 손때가 많이 묻은 장 같은 가구는 집에 들여 놓기가 싫다. 어떤 여인의 한(恨)이 묻어 있는 것인지 모르기 때문이다. 중동의 가난한 나라에서 어린아이들이 대형 카펫 한 장을 짜면 눈이 먼다는 이야기를 듣고 나서는 손으로 직조한 카펫은 사용하기가 부담스러워 졌다. 기계로 짠 싼 카펫을 사용하는 편이 마음이 편해졌다.

미국은 저개발국가로부터 수입하는 공산품은 세율이 낮은 특혜관세 혜택을 부여하고 있다. 그러나 한때 교도소에서 만든 완구나 노동을 착취한 소위 스웻샵(sweat shop)에서 만든 섬유제품 등에 대해서는 특혜관세 혜택을 철회한 바 있다. 작업자들이 즐거운 마음으로

물건을 만들어야 그 제품에도 기가 온전해 완구를 갖고 노는 어린이에게도 그 제품 그대로의 역할을 할 수 있고, 섬유제품도 소비자가 입고 다녀도 마음이 가볍다는 기본 철학이 스며있는 문명국가다운 훌륭한 정책이다.

부동산의 경우도 마찬가지다. 사람과 부동산 사이에도 기가 존재한다. 인테리어가 최신식이고 값도 적당하지만 어쩐지 찜찜한 아파트나 주택, 값은 약간 비싸지만 주위 환경이 마음에 들고 거실에 앉아 있으면 마음이 평온해지는 주택 중에서 선택을 해야 한다면 마음이 편한 쪽을 택해야 한다. 그 쪽의 기가 나와 맞기 때문이다.

요즈음 같은 과학의 시대에도 아직도 많은 사람들이 버리지 못하는 풍수지리도 같은 이치이다. 그 나름대로 방위를 보거나 수맥을 체크하지만 요체는 느끼기에 평안한지 또는 불편한지가 풍수지리 면에서 좋은 부동산인지 여부를 결정한다.

특히 매일 생활하는 주택의 경우는 그 부동산과의 관계뿐 아니라 그 부동산과 관련된 사람과의 관계도 중요하다. 좋은 이웃이 있는지 여부 즉, 부동산을 둘러싸고 있는 사람과 사람 사이의 기 역시 무시할 수 없다. 흔히들 말하는 내가 그 집 사는 동안 큰 나쁜 일이 없었다고 하는 이야기도 그 집을 둘러싼 사람들과의 기가 나쁘지 않았다는 뜻이다. 부동산과 연관된 일로 감정이 격해져서 소송까지 가게 되어 부동산을 둘러싼 좋은 기를 쫓아버리는 일은 없도록 내 스스로 좋은 이웃이 되야겠다.

부동산지수 만들자

주식 투자의 역사는 로마 시대부터였다. 당시에도 주가 변동이 있었다는 기록이 남아있다. 키케로는 "부실한 퍼블리카니의 주식을 사는 것은 도박과 같다"고 말했다. 영국에서 영란은행(英蘭銀行) 설립 이후 1690년대에 체계적인 주식거래 시장이 등장했다. 그 후 수많은 시행착오를 거쳐 자본주의의 핵심이 되는 시장으로 발전하면서 투자가를 위한 각종 투자지표가 잘 발달되었다. 부동산 거래의 역사는 로마 시대 훨씬 전부터 있었을 것이다. 아마도 농경사회부터 시작되었을 것이다. 그러나 아직도 주식 시장에 비해 투자가를 위한 투자지표가 미흡하다.

물론 주식과 부동산은 그 투자의 목적물이 다르다. 주식은 그 주식을 발행하는 기업에 투자하는 것이지만, 부동산은 부동성, 부증성(不增性)을 갖는 실물에 투자하기 때문이다. 그러나 투자의 목적을 보면 유사하다. 주식이든 부동산이든 다 운영수익과 매매차익(capital gain)을 겨냥하고 있다.

최근에는 부동산에도 간접투자 상품이 많이 늘어나고 있다. 부동산 펀드, 리츠(REITs)가 대표적이다. 그중 리츠는 회사형태를 갖고 부동산에 투자해 운영수익 및 매매차익을 취하고 이를 배당이라는 형태로 투자가에게 투자수익을 배분하고 있다. 결국 간접투자라는 형태로 주식 투자와 부동산 투자가 서로 융합(convergence)되고 있다고 하겠다.

최근 모든 국민의 최대 관심사 중에 하나가 집값 동향이다. 언론보도를 보면 아파트 값이 서울 0.06%, 수도권 0.05%, 전국이 0.03% 각각 떨어졌다고 한다. 자세한 통계방법은 모르겠으나 아마도 모든 아파트를 대상으로 가격 변동률을 산출한 것 같다. 이와 같은 통계로는 일반 국민들에게 시황을 효과적으로 전달하는 데 미흡하다.

미국의 DW지수는 뉴욕증권거래소에 상장된 2,760여 개의 주식 중 대표성 있는 주식 30개로 지수를 만들었으나 뉴욕 증권 시장을 대표하고 전 세계의 주식투자가들이 최대의 관심을 갖는 지표가 되었다. 우리 부동산 시장도 지역별, 주택·상가·업무용 빌딩·토지 등 상품별로 구분해서 적정한 수의 대표성 있고 표준이 되는 부동산을 선정해 지수를 만들면 어떨까 한다. 내친김에 투자가를 위해 부동산 시장에도 주식과 같이 PER(Price Earnings Ratio, 주가수익비율) 개념을 도입한다면 개별 부동산은 물론 시장의 트렌드를 읽는 데 큰 도움이 될 것이다.

주가수익률은 1주당 가격을 1주당 수익으로 나눈 것으로 PER이 높으면 회사이익에 비해 주가가 높다는 뜻이다. 낮으면 그 반대이다. 부동산에서도 1평의 값을 1평당 운용수익으로 나눈 값으로 하는 등 합리적으로 주식 시장의 PER 개념을 부동산 시장에도 적용할 수 있을 것이다. 이미 실거래가격 신고제도, 부동산114 등 부동산정보업체의 등장으로 인프라가 갖추어졌으므로 조금만 더 업그레이드시키면 가능한 일이라고 생각한다. 부동산지수와 부동산 PER은 훌륭한 투자지표가 될 수 있고 모든 시장참여자에게 공평하게 투자정보를 제공할 수 있으므로 부동산 시장을 효율적으로 만드는 데 적지 않은 역할을 할 것이다.

부동산 외부효과

부동산 시장에 있어 외부효과(external effect)에는 정(正)의 외부효과와 부(負)의 외부효과가 있다. 정의 외부효과란 어느 특정 지역에 공원, 교통시설, 공공건물 같은 그 지역 주민들이 선호하는 시설이 들어옴으로써 생기는 파생적 효과이다. 당연히 그 지역 부동산 값은 상승하게 되고 부동산 소유자는 한 푼도 투자를 하지 않고도 정의 외부효과에 무임승차를 하게 된다.

부의 외부효과는 반대되는 개념으로 선호하지 않는 시설, 예를 들면 쓰레기 소각장 등 혐오시설이 들어옴으로써 그 지역 부동산 값을 하락시키는 영향을 주는 효과이다. 언론보도에서 가끔 볼 수 있는 님비(NIMBY)현상을 가져오는 근본 원인이다.

정의 외부효과에 대한 무임승차, 또 부의 외부효과에 대한 지역 주민들의 손실 등은 시장경제에서 풀어야 할 숙제이며 자칫 잘못하면 시장 실패를 가져오기도 한다. 이러한 외부효과는 농경사회 속에서는 없었을 것이고, 또 있어도 매우 미미했을 것이다. 이는 산업사회 특히 개발도상국가에서 자주 발생하는 개발의 부산물이다. 특히 우리나라와 같이 국토가 좁고 인구밀도가 높으며 산업화가 고도화된 나라에서는 외부효과가 더 커지는 현상을 보이고 있다.

우리에게는 부의 외부효과를 슬기롭게 해결한 모범 사례가 있다. 치열한 논쟁과 협상 끝에 어렵사리 기공식을 한 경주 방폐장은 훌륭한 성공 사례라고 평가되고 있다. 부의 외부효과에 대한 치열한 논쟁을 대결구도가 아닌 타 후보 지역과의 경쟁구도로 끌고 감으로써 해결한 좋은 성공 사례이다. 정의 외부효과는 투자를 촉진하고 개발을 촉진하는 긍정적인 면이 크다는 점이 전제되어야 하고, 무임승차, 불로소득 같은 문제점은 공시지가제도 및 양도소득세를 합리적으로 운영해 어느 정도 해소할 수 있을 것이다.

문제는 이러한 외부효과를 바라보는 시각이다. 우리보다 산업화와 개발 시대를 먼저 경험한 어느 선진국들도 이러한 부동산 시장의 외부효과를 명쾌하게 해결하지는 못했다. 우리의 경우 한때 정의 외부효과로 인한 무임승차의 불공평성을 시정하기 위해 기반시설부담금제도를 입법화해서 시행한 바 있다. 그러나 시행하는 도중 너무나 많은 문제점이 나타나 결국은 관련법이 단기간에 폐지되고 말았다. 이는 시장친화적이지 못한 제도의 시장 실패의 좋은 사례가 되고 있다. 무작정 비난만 할 것이 아니라 시장경제를 추구하는 국가에서는 피할 수 없는 현상이라고 생각하고 시장친화적으로 해결하는 지혜가 필요하다.

부동산 간접투자를 늘리자

집을 이사할 때 개는 주인을 쫓아가려고 하지만 고양이는 장소에 대한 애착이 더 강해 집에 남아 있으려 한다고 한다. 이는 개와 고양이가 서로 DNA가 다르기 때문이다. 사람에게도 장소에 대한 애착 (attachment)을 갖는 DNA가 있어 부동산을 좋아하고 소유하게 만드는 것 같다.

누구나 어렸을 때 살던 고향집 마당, 처음 만난 찻집, 결혼 후 처음 장만한 집, 직장 사무실이 있는 빌딩 등이 모두 애착의 대상이 된다. 사람이 처음 태어나서 죽을 때까지의 인생항로에는 이런저런 이유로 많은 장소를 거치게 되어 있다. 모두가 정이가고 애착이 가서 다시 한 번 만져보고 싶은 장소이기도 하다. 또한 좋은 주소, 좋은 동네에 사는 것은 프리스티지이고 자기의 정체성을 표시한다는 점도 부인할 수 없다.

혹자는 한국 사람들이 유난히 부동산을 좋아하는 것은 부동산이 재테크의 대상이고 값이 오르기 때문이라고만 생각한다. 따라서 세금을 올리는 등 수요억제정책을 쓰면 부동산 문제를 해결할 수 있다고 생각한다. 그러나 이와 같은 생각이 오판(誤判)이라는 것은 이미 지난 정부에서 학습했다. 이러한 오판은 인간의 마음속에 내재한 장소에 대한 애착을 경시한 까닭이다.

칼 마르크스는 그의 저서 《자본론》에서 "생산수단의 집중과 노동의 사회화는 결국은 서로 양립할 수 없는 지점에 도달해 사적 소유의 조종(弔鐘)이 울린다"고 했다. 시장경제와 자본주의는 시행착오는 겪었지만 슬기로운 해법으로 내재한 많은 문제점을 발전적으로 해결해 오늘의 번영을 가져왔다. 만일 우리 증권 시장의 1,000조 원에 해당하는 시가총액이 몇 명의 소수에게만 소유되었다면 어떻게 되었겠는가? 그 해법은 사적소유권의 쉐어링(sharing, 분배)인 주식공개·주식대중화였다. 부동산 시장에서도 부동산 리츠·펀드 같은 간접투자는 주식대중화와 같은 역할을 할 수 있다. 부동산의 사적소유권을 쉐어링해 다수의 소액투자가에게도 기회를 개방함으로써 그들을 부와 번영을 향한 열차에 동승시킬 수 있기 때문이다.

이러한 부동산 간접투자를 이용하면 소액투자가들도 평범한 소시민으로서는 엄두도 낼 수 없는 큰 부동산에도 투자할 수 있다. 예들 들면 강남파이낸스빌딩 같은 랜드마크 빌딩, 내가 좋아하는 찻집이 있는 빌딩, 내 고향에 건설되는 리조트 등 고급·대형 부동산에 투자함으로써 부동산 소유에 대한 만족도 느낄 수 있고 재무적인 이익도 기대할 수 있다. 또한 부동산 간접투자는 투자위험을 최소화하는 목적으로도 유용하다. 부동산 가격 변화에 대한 이익이나 손실을 여럿이 공유함으로써 위험을 서로 분산해 부동산 시장을 건강하게 만드는 데도 매우 긍정적인 역할을 하고 있다.

chapter 03

부동산 시장의 추세

이제는 부동산 투자의 개념도 공간에 대한 투자
가 아니고 그 공간에서 가치를 창출하는 활동
(부동산 운영수입)에 대한 투자로 변화되고 있다.

우리나라 부동산 시장의 새로운 추세

① 대도시 집중현상의 심화(深化)

IT산업이 활발하고 산업사회에서 정보사회로 바뀌어가던 2000년대 초에 부동산 시장에서는 한때 교외주택, 전원주택이 각광을 받았었다. IT산업이 발전되어 지역에 대한 거리감이 둔화되고 자택근무가 늘어나게 되므로 교외주택의 수요가 상승하게 될 것이라는 전망이었다. 그러나 현실은 정반대로 되고 있다. 오히려 교외주택, 전원주택 값은 제자리걸음을 했으며 대도시의 도심지 부동산이 더 오르는 현상이 나타났다.

그 이유는 과거 산업사회에서의 생산의 3대 요소인 토지, 사람, 자본보다 지식과 정보가 더 우위에 있는 세상이 되었고 온라인에서만 습득하는 정보로는 충분치 않고 고급정보를 가진 사람들 간에 교류하면서 얻는 정보와 지식의 중요성이 높아지고 있기 때문이다. 고급정보를 가진 인재와 기업이 몰리는 클러스터(cluster)효과가 더 중요하게 된 것이다. 또한 인구학적으로도 1~2인 가구가 증가하게 되어 교외의 넓은 부동산보다 좁더라도 도심지 역세권을 선호하는 경향이 커졌고 맞벌이 부부, 싱글족의 증가 역시 같은 영향을 주고 있다.

② 공간(空間)에 대한 투자 → 그 공간에서 창출되는 가치에 대한 투자

국내 부동산업계가 아무 준비 없이 맞는 IMF 경제위기는 외국인 투자가들에게 큰 기회였다. 한국 기업의 구조조정을 강력히 요구하는 IMF(국제통화기금)와 IBRD(국제부흥개발은행)에 뒤따라 한국 부동산 시장에 진출한 IB은행 헤지펀드, 벌처펀드들은 위기에 처한 한국 기업들로부터 대형 부동산을 사들여 큰 수익을 보았다.

그 당시 하얏트, 신라 같은 특급 호텔들은 국내 경기와는 정반대로 한건 하려고 몰려드는 외국투자가들로 호경기를 누렸었다. 그들은 한국 부동산 시장을 내재(內在)가치보다 거래가격이 훨씬 낮아 매매차익(capital gain)을 20~30% 이상 추구할 수 있는 기회 시장(opportunity market)으로 보았다. 임대료 같은 운영수입보다 내재(內在)가치와 실거래가격의 차(差)를 추구한 것이다.

그러나 2006년경부터는 한국 경제도 지속적으로 성장을 했고 부동산 값이 이미 현실화되어 저평가된 부동산을 찾기가 어려워져서 높은 매매차익을 추구하기가 어려운 시장이 되기 시작했다. 다시 말하면 거래가격이 내재가치에 근접하게 되어 핵심 시장(core market)으로 전환되고 있다.

핵심 시장은 높은 매매차익보다, 해당 부동산의 운영에서 나오는 임대료 등 약 6~7%의 운영수입에 만족하는 선진국형의 안정적인 시장이다. 이는 우리나라 주식 시장이 신흥 시장(emerging market)에서 보다 안정적인 선진국 시장(developed market)의 지수인 MSCI(Morgan Stanley Capital International)지수에 편입이 거론되고 있는 것과 같은 맥락이다. 이제는 우리나라 부동산 시장도 20% 이상의 투자수익률을 매매차익에서 찾던 시장에서 연 6~7%의 운영수입에 만족해야 하는 선진국형의 안정적인 시장으로 전환되고 있으므로 부동산 투자의 개념도 공간에 대한 투자가 아니라 그 공간에서 가치를 창출하는 활동(부동산 운영수입)에 대한 투자로 바뀔 수밖에 없는 새로운 환경이 되었다.

이러한 변화에 따른 부수적 효과로 부동산 간접투자 시장도 활성화 될 것이다. 매매차익을 추구하는 시장에서는 간접투자가 활성화되기 어렵다. 그러나 매각차익보다 운영수입을 추구하는 핵심 시장에서는 은행 고정금리보다 제법 높은 수익을 내면서도 부동산 자체를 담보로 하고 있으므로 리스크가 매우 제한적인 부동산 간접투자의 장점이 돋보이게 된다. 경우에 따라서는 인플레이 헤지도 되므로 매각 시에는 약간의 매매차익도 덤으로 기대할 수 있게 되어 더욱 매력적인 투자수단이 될 것이다.

교과서적 부동산 시장 예측의 한계

다수의 시장참여자가 있는 주식 시장이나 부동산 시장을 예측 한다는 것은 매우 어려운 일이다. 수많은 투자가, 애널리스트들은 현장을 탐방하기도 하면서 나름대로 과학적인 분석기법을 활용해 그럴 듯하게 시장을 예측하곤 한다. 그러나 맞는 확률은 매우 낮다.

미국의 사례를 보면, 미국 경제학자 G. 맨큐는 1989년 논문에서 베이비붐세대의 주택 장만이 끝났음으로 향후 20년간은 주택 값이 하락할 것으로 전망했다. 그러나 현실은 2007년까지 상승세를 유지했고, 케이스-실러지수는 1987~2007년까지 3배 상승했다. 그는 경제성장, 소득 증가로 더 넓은 주택을 원하게 되고 또 세컨드하우스(second house)를 찾게 되는 점을 간과했다. 또 외국이민자 증가로 인한 특수 수요 측면을 고려하지 않았다.

보금자리주택정책은 서민들의 주거안정을 위해 정부로서 당연히 해야 할 정책이다. 그러나 당초 생각처럼 부동산 가격을 지속적으로 안정시키지는 못하고 있다. 첫 단계에서는 효과적이었으나, 민간 부분이 보금자리주택에 영향을 받아 공급을 대폭 줄일 수밖에 없어 전세 값 상승으로 이어졌고 종국에는 아파트 값을 올리는 원인을 제공하기도 했다.

오피스 시장도 2011년부터 본격적으로 대형 건물들이 준공되고 있기 때문에 낙관론과 비관론이 팽팽히 맞서고 있다. 비관론자는 공급의 대폭적인 증가로 공실률이 올라가고 임대료가 떨어진다고 예측하고 있다. 그러나 낙관론자들은 일시적으로 초과 공급되어도 곧 균형을 찾을 것이고 또한 소득수준 향상에 따라 1인당 오피스 면적도 현재의 3평에서 선진국 수준인 5.5~6평으로 늘어날 것으로 예측하고 있다. 누구 말이 맞을지는 알 수 없다.

우리나라 주택 시장은 주택보급률(주택 수/세대 수)이 100%를 넘어섰고 인구도 감소할 것이므로 앞으로 주택 값은 오르기 어렵고 일본식 장기 불황이 올 것이라고 예측하는 비관론자가 많다. 그러나 한편으로는 우리나라 가구 수가 2030년까지 계속 증가하고, 주택 스톡(stock)도 선진국은 1,000명당 450채를 갖고 있으나 우리나라는 1,000명당 360채이므로 아직 여유가 있다고 생각한다. 앞으로 이민 오는 사람들도 늘어날 것이고 소득 증가에 따라 세컨드하우스 수요도 서서히 생기기 시작할 것이므로 주택 시장을 낙관적으로 예측하는 사람도 적지 않다.

비관론은 비관론대로 낙관론은 낙관론대로 이론적 근거를 갖고 있다. 비관론이 강할 때는 부동산 값이 떨어지고 그동안 낙관론은 숨을 죽이고 잠복해 있는다. 그러나 어떤 계기가 되면 예를 들어, 어느 특정 지구의 부동산 값이 하락을 멈추고 조금씩 고개를 들게 되면 낙관론이 다시 언론의 각광을 받으면서 잠재수요를 부채질하게 되고 부동산 값을 끌어올리게 된다.

국민소득, 금리, 수요공급 같은 경제지표에 의거한 교과서적인 예측만으로는 복잡한 부동산 시장을 예측하는데 충분하지 않다. 교육, 도시안전, 청결, 교통, 언어소통도 중요하고 고급 문화생활에 필요한 공연장, 미술관, 전시관도 필수이다. 합리적인 가격으로 즐길 수 있는 수준급의 식당, 호텔, 쇼핑몰도 빠질 수 없다. 또한 인구문제, 고령화 속도, 구매자의 심리적 동기, 정부의 부동산정책 등 너무나 많은 요소들이 부동산 시장에 영향을 주고 있다. 아무리 유능한 분석가라 해도 이 많은 요소를 합리적으로 가중평균(加重平均)해 답을 낼 수가 없다. 많은 전문가들의 예측이 맞지 않는 이유가 바로 여기에 있다.

무언가 새로운 개념이 필요하다. 그것은 다음과 같은 아주 기본적인 질문이 아닌가 한다.

"내가 사는 동네가 살기 좋은 동네인가?"

"내가 사는 도시가 사업하기 좋은 경쟁력 있는 도시인가?"

"우리나라가 지속적으로 발전할 것인가?"

이상과 같은 질문에 어떻게 답하는가가 그 동네, 그 도시, 그 나라의 부동산시장을 예측하는 가장 쉬우면서도 틀릴 확률이 낮은 방법이다. 이러한 문답(問答)이 나무만 보는 것이 아니고 숲을 보는 포괄적인 부동산시장 예측이기 때문이다.

만약 당신이 살고 있는 동네가 살기 좋은 동네이고 그 도시가 경쟁력 있는 도시라면 일시적으로 부동산 값이 떨어지고 있다고 해도 걱정할 필요가 없다. 중장기적으로는 우상향(右上向)하는 상승추세를 그릴 가능성이 매우 높기 때문이다.

부동산 버블에 대한 해석

부동산 시장에 있어 버블은 부동산의 가격이 실체가 없는데도 투기로 가격이 폭등해 실제 가치보다 터무니없이 높게 형성된 것을 말한다. 한때 수도권의 서초·강남·송파·목동·용인·평촌 등 7개 지역은 특히 부동산 값이 부풀려져서 부동산 버블의 대표적 지역으로 분류되어 정책 당국으로부터 특별관리 대상이 되기도 했다.

버블이란 말의 원조는 일본 경제와 부동산이다. 일본은 2차 대전 패전국처지에서 미국의 일본 정치·경제체제에 대한 성공적인 구조조정, 한국전쟁 특수, 일본인들 특유의 근면함으로 세계경제 2위의 경제대국이 되었다. 그러나 1990년대부터 버블이 꺼지면서 부동산 값이 급격 하락하는 등 일본 경제가 활력을 잃고 장기간 하락세를 멈추지 못하고 있다. 원래 경제학에서 버블이란 말은 사용되지 않는 것으로 알고 있다. 경기순환에 따라 호황과 불황이 있을 뿐이다.

시장경제하에서는 금리, 환율, 물가 등 모든 경제여건이 변하지 않는 것은 없다. 경기는 확장과 수축, 다시 말하면 호황과 불황을 반복하게 되어있다.

버블은 경기순환과정의 피크인 호황국면에서 발생되는 현상이다. 부동산 시장의 경우는 부동산의 특성인 부동성, 부증성이 있어 버블을 더 키우고 있다. 수도권에 부동산 버블이 생긴다고 부산에 있는 부동산을 이동할 수 없으며 자동차나 가전제품처럼 수요가 늘어난다고 단시일 내에 공급을 늘릴 수 없는 상품이므로 부동산 시장은 버

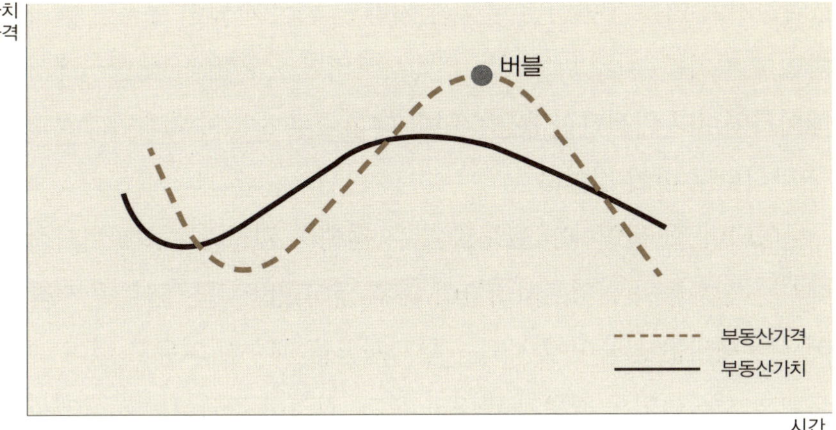

블이 생길 수 있는 여지가 더 클 수밖에 없다.

이러한 우리나라 부동산 시장에 긍정적인 변화가 일어나고 있다. 거래관행이 매매차익(capital gain)을 주로 추구하던 기회 시장(opportunity market)에서 운용수익(operation income)에 만족하는 선진국형인 핵심 시장(core market)으로 전환되고 있다. 이제는 시장 내에서 자율 조정하는 기능이 작동되어 버블이 생길 수 있는 여지가 줄어들게 된 것이다. 다음 표에서 보는 바와 같이 수익형 부동산은 다른 어떤 자산보다 매력적이다.

	수익률	PER	원금보장	매매차익	수익영수방법	비고
정기예금	4%	25배	O	X	전액 현금 지급	
주식	10~11%	9~10배	X	O 또는 X	일부만 배당금으로 지급	실배당률 〈 수익률
수익형 부동산	6~7%	14~16배	△	O 또는 X	전액 현금 지급	리츠의 경우 주식으로 매매 가능

아울러 수익형 부동산이 부동산 거래의 중심이 되면 부동산 평가 방법도 투기를 부추길 수 있는 거래사례비교(去來事例比較)방식에서 매매차익보다 안정적인 운영수익을 대상으로 하는 수익환원(收益還元)방식으로 바뀔 것이다.

한마디만 더 붙인다면 요즘과 같은 경쟁이 치열한 지식정보사회에서는 신제품의 라이프사이클이 매우 짧아졌다. 최근 글로벌 시장에서는 새로운 상품이 출시되면 투자자금을 회수할 여유도 없이 레드오션 시장화되는 경우가 많다고 한다. 이러한 불확실한 시장에서 부증성, 부동성을 특징으로 하는 수익형 부동산 상품의 비교적 장기적인 라이프사이클은 매력적이 아닐 수 없다.

대형 빌딩 소유도 회사처럼

대형 빌딩은 투자 수익률 면에서도 중소형 빌딩보다 유리하다. 서울 도심의 경우 중소형 빌딩은 투자 수익률이 3~4%를 넘기가 어렵다. 그러나 1만 평 이상의 프라임급 빌딩의 경우는 6~7%의 투자 수익을 올리고 있다. 왜냐하면 프라임급 대형 부동산에는 대기업이 입주하고 있어 비교적 높은 임대료를 부담할 수 있기 때문이다.

우리보다 산업화가 일렀던 일본 도쿄, 뉴욕 맨해튼 등 선진국 주요 도시들의 주요 중심가 대형 부동산들은 대부분 기관투자가 또는 상장회사들의 소유이다. 산업화 초기에는 대부호 또는 지역 상인들이 대부분 소유하고 있었으나, 자본주의와 시장경제의 특성인 경기변동에 따라 손바뀜이 나타났다. 또 개인들은 상속세 때문에 시간이 갈수록 매각할 수밖에 없게 되었다. 한번 개인의 손을 떠난 부동산이 다시 개인투자가에게 돌아간 경우가 드물다. 대부분 연금, 보험회사, 리츠 같은 기관투자가들 간에 거래가 되고 있다. 그러다 보니 중요 도심지 부동산 가격이 큰 폭으로 올라도 그 수익이 어느 특정인에게만 가는 것이 아니고 기관투자가들에게 투자한 수많은 개인투자가의 몫으로 돌아가므로 그리 큰 사회적 문제가 되고 있지 않다.

우리의 경우 IMF 경제위기 당시 아이타워(I-TOWER)를 비롯한 서울 도심의 대형 빌딩 대부분이 외국인 투자가들에게 매각되었다. 그 당시 우리나라에는 부동산 간접투자에 대한 제도 조차 마련되어 있지 않아 대형 부동산 거래는 대부분 외국인 투자가의 독무대였었다.

그러나 2008년의 경제위기 시는 상황이 좀 달라졌다. 정부가 부동산 간접투자와 관련된 제도를 만들어 부동산 리츠나 펀드회사가 설립되어 있었다. 이제는 그들이 기업 구조조정을 위한 대형 부동산 거래에 중추적 역할을 담당하고 있다.

이와 같이 부동산 간접투자를 위한 인프라가 갖추어져 있으므로 대형 빌딩 소유에 대한 개념도 바꿔야 할 때가 되었다. 주식회사의 경우 약 30% 정도의 주식만 소유하면 회사경영권을 행사할 수 있는 것과 같이 내 빌딩도 100% 소유할 필요가 없다. 외국의 다국적 기업이나 은행들은 본사 사옥도 기관투자가에게 매각하고 일부 지분만 보유하고 있는 경우가 흔한 일이다. 이처럼 리츠를 활용해 주식회사처럼 30% 정도의 리츠 지분을 보유하고 그 부동산의 운영관리권을 갖고 있으면 충분하다. 나머지 70% 지분은 기관투자에게 매각하고 그 자금으로 회사 구조조정 또는 신사업에 투자하는 것이 바람직한 포트폴리오(portfolio) 전략이 될 것이다.

서울 강북의 화려한 부활

서울 사대문 성벽 둘레는 18.2㎞이다. 이를 기준으로 4대문 안 면적을 계산하면 약 750만 평 정도가 된다. 이제는 북악산 성벽 탐방코스도 개방되었다. 청와대 바로 뒷산인 북악산 정상(342m)에서는 서울 전경이 한눈에 들어온다. 북악산, 인왕산(338m), 남산(262m), 낙산(125m)에 둘러싸인 서울 구도심지인 4대문 안 서울의 모습은 아늑하고 정겨운 전원도시 같다. 여태껏 시내에서 북악산을 바라본 모습과는 사뭇 다른 느낌이다.

필시 무학대사와 정도전도 북악산, 인왕산에서 서울 장안을 내려다보고 성벽축조 계획의 선을 그었을 것이다. 한양을 새로운 수도로 정하고 성곽 및 궁궐, 종묘의 위치를 선정하는 데 풍수지리설이 큰 영향을 주었다는 것을 생각하면, 풍수지리설의 예언적 효과에 대해서는 알 수 없으나 신도시의 입지를 선정하는 데는 탁월한 효과가 있음을 서울의 경우가 증명하고 있다.

도쿄, 런던, 파리, 북경 등 어느 대도시보다도 서울 사대문안 구도심지의 지리적, 미관적 입지는 뛰어나다고 생각한다. 우리가 그동안 너무나 힘들고 바쁘게 살다보니 서울의 자연적·지리적·역사적 우월성을 알아차리지 못한 채 살아왔다. 뉴욕의 센트럴파크나 런던의 하이드파크만 부러워했지 우리 서울의 북악산, 인왕산, 그리고 창덕궁, 경복궁 등 고궁의 진가를 그리 감사하게 생각하지 못했다. 사실 대부분의 주한외교관, 사업가들은 강북에 거주하고 있고 이에 만족해하고 있다고 한다.

도시정책 전문가인 하버드대 경제학교수 에드워드 글레이저는 다음과 같이 분석한다. 유럽인들이 미국인들보다 도심지에 사는 비율이 높은 이유는 유럽의 도시들이 오래됐고 수세기에 걸쳐 천재들이 이룩해 놓은 높은 문화적 유산을 향유하기 때문이다. 그러므로 런던이나 파리 중심에 산다는 것은 미국 대도시의 중심에 사는 것과 근본적으로 다르다고 했다.

어느 도시라도 라이프사이클을 갖고 있다. 성장기, 성숙기, 쇠퇴기 등이다. 아마도 강북 도심지의 성숙기는 경제부처가 과천으로 이전하기 전인 1980년대 초반이었을 것이다. 그 후 명문 중·고등학교가 강남으로 이전되는 시기와 연결되어 고소득층의 강남 이전이 본격화됨에 따라 88올림픽을 즈음해서 쇠퇴기에 진입했다. 결국에는 저소득층 전입이 고소득층을 밀어내는 천이기(遷移期)까지 경험했다.

최근 이러한 강북 도심지가 새로운 전기를 맞고 있다. 청계천 개발 완료, 광화문 및 세운상가 개발 등 역사·문화·관광의 도시로 서서히 변모해 가고 있다. 특히 도심 곳곳에 젊은이들의 발길이 잦아지고 있고 외국관광객이 몰려드는 등 성장기 진입의 징후들이 눈에 띄게 나타나고 있다.

한번 쇠퇴한 도시가 다시 새로이 성장하는 도시로 부활하기는 매우 어렵다. 그러나 서울 구도심지는 워낙 튼튼한 지리적, 문화적, 역사적 인프라를 갖고 있으므로 가능하다고 생각한다. 앞으로도 젊은이의 거리, 고소득층의 주거지가 될 수 있는 문화적, 역사적 장점이 계속 부각될 것이므로 강북 도심의 성장은 그 속도를 더 낼 것이다.

서울의 빌딩 수요 더 는다

　1960년대 중반 경에 준공된 조흥은행 본점빌딩(15층)은 당시 장안에 화제였다. 그 당시 미국에서 건축을 전공한 한 선배는 앞으로 길어도 10~20년 내에는 도심 일대가 조흥은행 본점 같은 고층 빌딩숲이 될 것이라고 장담을 했다. 그러나 그 후 세워진 대형 오피스빌딩은 KAL빌딩, 삼일빌딩에 불과했고, 1970년대 고속성장 속에서도 삼성본관, 극동빌딩, 대한화재빌딩 정도에 지나지 않았다.

　물론 도심이 다핵화해 중심업무지구 개발의 축이 여의도, 강남으로 분산된 것도 이유가 될 수 있다. 그러나 세계가 놀랄 정도로 고도성장을 한 한국 경제 발전에 비하면 도심 일대의 중심업무지구로써 발전은 매우 빈약하다. 경제 규모가 우리보다 훨씬 작은 홍콩이나 싱가포르만 가도 뉴욕 못지않은 마천루들이 즐비한 빌딩숲을 볼 수 있다. 주된 이유는 홍콩, 싱가포르는 금융, 관광, 무역을 중심으로 하는 서비스업이 중심이 되어 경제가 발전했지만, 우리는 중화학공업을 중심으로 하는 제조업이 경제발전의 엔진(engine)이 되었기 때문이다.

　외국인 투자가들은 우리나라가 비싼 외자를 들여와 오피스빌딩이나 본사건물을 짓지 않고 주로 공장설비에 투자한 것을 높이 평가하고 있다. 그러나 제조업만으로는 성장한계에 부딪힌 우리 경제는 앞으로 새로운 돌파구를 금융산업과 서비스산업에서 찾아야 한다는 주장이 설득력을 얻고 있다. 이러한 흐름은 근세 산업사회의 발전 단계와 그 맥을 같이 하고 있다. 영국의 산업혁명 이후 산업 생산의 축은 계속 서진(西進)하고 있고 어느 정도의 시차를 두고 금융산업도 같은 방향으로 따라가고 있다.

J·P 모건 창업자 조지 피버디는 미국인으로서는 처음으로 1837년에 런던에 머천트뱅크(merchant bank)를 설립해 당시 만성적으로 자본 부족 상태에 시달리고 있는 미국 철도건설 자금을 조달했다. 그 후 20세기에 들어와 자동차 산업을 중심으로 산업의 축이 서진(西進)해 미국으로 이동했다. 금융도 월스트리트가 런던을 능가하는 세계 금융의 중심이 되었으며, 이러한 추세에 따라 J·P 모건도 런던에서 뉴욕으로 중심을 옮겼다. 그 후 자동차, 철강, 전자산업이 일본으로 다시 서진했으며 이제는 한국을 거쳐 중국, 인도로 향하고 있다.

이러한 흐름을 보면 우리나라도 금융 및 서비스산업이 머지않아 새로운 성장축이 될 수 있는 가능성이 높다고 하겠다. 그렇게 되면 서울의 오피스 수요 잠재력이 매우 커지는 등 우리나라 부동산 시장에도 많은 변화가 올 것이다.

단독주택 부가가치 크다

단독주택이란 용어는 좀 어색한 부동산 용어이다. 우리는 워낙 아파트가 많고 빌라, 다세대주택, 주상복합 등 공동주택의 비중이 나날이 높아지다 보니 공동주택과 구분하기 위해 단독주택이란 용어를 쓰고 있다.

서울의 단독주택 비율은 1995년에 33%였으나 2005년에는 19%까지 줄었다. 이런 속도로 가다가는 10% 미만으로 줄어드는 것은 시간문제인 것 같다. 뉴타운, 재개발이 현실화되면 더욱 줄어들 것이다. 단독주택은 도시미관이나 스카이라인에 빠질 수 없는 중요한 요소이다. 만일 서울 등 대도시의 주택이 모두 고층 아파트화되고 단독주택이 사라진다면 정말로 끔찍하고 이상한 주거문화가 될 것이다. 구릉지에는 단독주택, 한강변이나 저지대에는 고층아파트가 들어서서 서로 조화를 이룰 때 도심의 스카이라인이 돋보이고 서로의 가치를 올린다.

단독주택이 사라지는 이러한 트렌드는 아마도 쾌적성보다는 편리성을 추구하는 우리 국민의 성향과 주거문화의 패션이 점점 고층화되고 있기 때문이다. 그러나 유행은 항상 변하는 것이다. 앞으로 좀 더 소득이 올라가고 성숙된 경제가 되면 쾌적성 그리고 개성을 중요시하는 방향으로 바뀌어 단독주택의 가치를 재평가하게 될 것이다.

그렇게 되면 앞으로는 단독주택이 공동주택보다 부가가치가 더 크기 때문에 재테크 측면에서도 주목을 받을 것이다. 일본 도쿄의 예를 보면 도시 지역의 단독주택의 가치는 나날이 올라가고 있다. 이와 관련된 일본 코미디 프로그램에 나오는 이야기를 소개해 보겠다. 젊은 남녀가 데이트 중이었다. 남자는 관심이 없었으나 여자가 집에서 큰 개를 기르고 있다고 하자 남자 눈이 금방 커지고 즉각 관심을 표시하는 것이 생각난다. 성숙된 경제에서 한 가구가 도시 지역에 50~60평의 토지를 소유한다는 것은 대단한 자산이다. 도심 곳곳에 고층아파트, 고층오피스가 늘어 갈수록 남아있는 단독주택의 희소성이 돋보일 것이며 그 잠재가치는 매우 커질 수밖에 없다.

우리에게도 고급 맨션의 대표격으로 많이 알려진 유명한 롯본기 힐즈의 고층 맨션의 가격도 모토아자부 지역의 단독주택과는 비교가 안 된다. 단독주택이 부의 상징이다. 우리도 가회동, 성북동, 한남동 등 단독주택지가 최고의 고급 주택으로 변함없이 자리매김하고 있으며 앞으로 더욱 가치가 올라갈 것이다.

최근 서울시 당국에서 획일적인 뉴타운 개발계획을 조정하고 있는 것은 매우 바람직한 정책이다. 이와 더불어 관계 당국도 단독주택에는 인센티브를 주어 단독주택이 장기간 유지될 수 있도록 지원이 필요하다. 예를 들면 단독주택 리모델링에 저리금융을 제공해 불편한 부엌, 화장실, 보안 문제 등을 아파트 수준으로 업그레이드 시키도록 지원하는 것이다.

외국인 근로자와 부동산 시장

우리나라 인구가 어느덧 5,000만 명이 넘었다. 그 중 외국인이 약 130만 명 정도이다. 아마도 대부분이 외국인 근로자(guest worker)일 것이며, 인구통계에 잡히지 않는 숫자도 상당수가 더 있을 것이다. 1960년대 초 우리 대학생들이 광부나 간호사로 서독에서 외국인 근로자로 일을 했었다. 그로부터 50년이 지난 지금 동남아 국가들로부터 외국인 근로자를 받는 입장으로 바뀐 셈이다. 외국인 근로자는 매우 고마운 노동력이다. 그들이 없다면 음식점 경영에서부터 아파트 및 도로 건설까지도 매우 어려워진다. 인건비 상승압력에도 안전판 역할을 하며 우리 근로자들이 회피하는 3D업종에서 묵묵히 일을 해주는 고마운 존재이다.

부동산·주택 시장에도 그들의 역할은 무시할 수 없다. 이미 130만 명이 되었다면 그들의 주거를 해결하는 데도 합숙소 또는 임대주택 등 고급은 아니지만 저가 주거시설이 필요하다. 만일 그들이 일시에 떠나게 되면 관련 부동산 시장에는 찬바람이 불 것이다. 외국인 근로자는 이미 알게 모르게 주택과 부동산 시장에 상당한 영향력을 미치고 있는 셈이다.

일차적으로는 외국인 근로자들의 입국이었지만 다음 단계에서는 경제가 고도화됨에 따라 다국적 기업이 늘어나게 되고 고급 일자리가 생기게 되어, 외국인 고급 경영자·엔지니어가 늘어날 것이다. 몇몇 대기업은 이미 외국인 임원을 영입했다고 한다. 따라서 그들을 위한 고급 주택이 필요하게 된다.

런던이나 파리의 고급 주택이나 맨션은 다국적 기업의 경영자나 중동의 부호·신흥 동유럽 나라들의 부자들의 좋은 투자처가 되고 있다. 싱가포르의 고급 주택이나 부동산 역시 인도네시아·필리핀 등 주변 국가의 부자들의 단골 투자 대상이 되고 있다. 최근 주식 시장에서는 한국 증시의 매력을 느낀 중국계 자금 유입이 계속 늘어나고 있다고 한다. 부동산 시장에도 스모크에 쌓인 상하이나 베이징에 사는 부자들이 서울이나 경관이 좋은 휴양지에 세컨드 하우스를 가지려는 시기가 머지않아 올 것이다. 먼저 경제가 발전되고 안정된 나라의 도시들이 주위 나라의 부자들을 끌어들이는 것은 일반적인 현상이 되고 있다. 이러한 현상은 우리보다 먼저 산업화를 이룩해 선진국이 된 경제 강국들이 공통적으로 경험했으며, 우리만 예외가 될 수 없을 것이다.

앞으로는 외국인 근로자에 이어 그 다음 단계로 외국인 경영자와 부자들이 우리나라 주택과 부동산 시장에서 실수요자 역할을 할 것으로 예상된다. 이러한 국내 부동산 및 주택 시장에 대한 추가 수요는 출산율 저하로 인구증가가 정체되고 고령화가 빠르게 진행되고 있는 우리나라 부동산 시장에 새로운 활력소가 될 것이다.

경기와 유행의 변화를 읽자

일본 맥도날드 후지타 덴 사장은 긴자거리를 지나가는 사람들의 걸음속도를 보면 경기의 흐름을 알 수 있다고 한다. 그는 주위 상점도 쳐다보지 않고 빠른 속도로 걸어가는 사람이 많으면 경기가 나쁘다고 한다. 주말 시내 차량 지체 상황 또는 백화점이나 재래시장 매출 현황 등으로도 경기의 흐름을 파악할 수 있다.

이러한 것들은 경기의 흐름뿐 아니라 상권 분석 또는 부동산가치 평가에도 사용되고 있다. 내가 다니는 백화점 주차장에 최근 고급 외제차량이 늘었다든지 또는, 손자를 데리고 오는 은퇴한 노인들이 자주 보인다든지 하는 것은 그 백화점의 영업뿐 아니라 그 지역 부동산 시장분석에도 중요한 정보가 된다. 어느 유통 전문가는 강남의 백화점이나 상점가에는 노인들이 많이 눈에 띄나, 강북에는 그렇지 않은 이유가 경제력에 있다고 분석한다. 강남에는 부자 노인이 손자를 데리고 물건을 사주는 경우가 강북보다 많다고 한다.

이러한 변화의 흐름은 평소 관심을 갖고 관찰할 때 눈에 보이는 것이지 아무 생각 없이 다니면 눈에 들어오지 않는다. 예를 들면 일본 어느 백화점은 그 지역 상권 분석을 위해 지역 초등학교 졸업식에 학부모로 위장 참석해 학생들 및 성장한 학부모 전원을 사진 촬영한다. 이를 통해 패션 흐름을 파악하고 장신구 소지품 가격까지 분석한다고 한다.

1980년대 반짝 유행한 장발도 어느 시점에서는 발상지인 뉴욕·런던에서 사라졌지만 서울의 젊은이들은 아직도 긴 머리를 하고 있었다. 얼마 후에는 서울의 장발도 자취를 감추었으나 지방 소도시에 있는 어느 짜장면 배달부는 그 후에도 한참을 계속 장발로 짜장면을 배달하고 있었다.

경제 발전과 더불어 민주화까지 성취한 우리 사회는 모든 면에서 다양하고 개성이 강한 사회로 변해가고 있다. 또한 그러한 변화의 폭도 커지고 속도도 빠르게 진행되고 있다. 누가 먼저 그 변화의 태동과 방향을 감지하는가가 생존, 나아가서는 성공의 핵심이 되고 있다. 지방 소도시의 짜장면 배달부처럼 철지난 유행을 붙들고 있어서는 부가가치가 없다.

주택 시장에도 단독주택, 빌라, 타운하우스, 도시형 생활주택, 저층·고층·초고층 아파트, 한옥 등 다양한 상품이 있다. 지역도 강남권, 강북권, 수도권, 역세권 등 다양하다. 모두 나름대로 장단점이 있으므로 유행을 주도하는 변화의 흐름을 읽고 투자하는 것이 바람직하다. 유행을 주도하고 만들어 나가는 데 부가가치가 있으므로 그 편에 서서 시장을 바라보아야 한다.

문화 마케팅의 성공 사례

서울 명동의 옛 국립극장이 옛날 모습으로 복원되고 새로이 단장
도 되어 명동예술극장으로 새롭게 태어났다. 1934년에 세워진 바로
크양식의 공연장은 1950~1960년대 우리나라 공연예술의 중심지였
다. 뿐만 아니라 명동을 예술과 문화의 거리로 만든 상징적 건물이
었다. 요샛말로 하자면 랜드마크 건물인 셈이다.

명동백작이라는 애칭을 갖고 있는 소설가 이봉구 씨의 장편수필
집 《명동백작》에 의하면 1950년대와 1960년대의 명동은 음악, 미
술, 문학, 연극 등 모든 문화 예술인들의 활동 무대였었고 그 중심
에 명동국립극장이 자리 잡고 있었다. 그러나 1973년에 남산으로
국립극장이 신축 이전을 하자 명동국립극장은 폐쇄되었고 금융회
사 영업점이 되고 말았다. 그러자 명동에는 자연히 문화 예술인들
의 발길이 뜸해지게 되었고 문화 예술의 중심지라는 명성도 사라
지게 되었다.

뉴욕 맨해튼에 마천루와 호화로운 백화점 상가 등 명품의 거리
만 있고 메트로폴리탄미술관, 구겐하임미술관, 그리고 브로드웨이
의 공연장이 없다면 뉴욕의 매력은 반감될 것이고 세계 제1의 도시
라는 위상을 다른 곳에 빼앗길 수 있을 것이다.

명동도 마찬가지다. 화장품가게, 명품의 주력 상점(flagship store),
식당만 가지고는 강남의 화려한 상권과 장기적으로 경쟁이 안 된다.
고급문화를 향유할 수 있는 특별한 공간이 필요하다. 다행스럽게도

명동에는 다른 상권이 넘볼 수 없도록 명동을 지켜주는 특별한 공간이 있다. 바로 명동성당과 명동예술극장이다.

이러한 명동을 지켜주는 기둥을 살리기 위한 움직임이 시작되었다. 바로 1982년에 출범한 김장환 회장을 중심으로 하는 명동상가번영회이다. 젊은 시절부터 문화·예술인과 교분을 쌓은 김 회장은 "명동의 낭만을 되찾자"라는 슬로건을 내걸고 명동예술극장을 복원하기 위한 운동을 본격화했다.

그 결과 정치권, 문화계, 정부 관련부처 주요 인사들의 지원으로 정부예산 400억 원을 배정받아 2003년 금융회사로부터 명동예술극장을 매입하는 쾌거(快擧)를 이루었다. 당시 감정가격은 배정받은 정부예산 400억 원의 2배가 넘는 840억 원이었으나 8회의 유찰을 통해 정부예산 내인 395억 원에 수의 계약을 할 수 있게 되었다. 그 과정에는 명동 부동산 중개인들 및 상인들의 전폭적인 지원이 있었다고 한다. 바로 이러한 사례가 부동산 시장에서 말하는 장소 마케팅, 문화 마케팅의 훌륭한 성공 사례이다.

명동의 낭만을 되찾기 위해서는 또 하나의 고비가 있다. 명동 한가운데 제일백화점 자리에는 자그마한 500평 정도의 공원이 있었다. 유명한 음악감상실 돌체 그리고 에덴다방 바로 앞이었다. 이 공원을 되찾아 시민의 품으로 돌려 주어야 한다. 잔디도 깔고 조명시설도 설치해 야간에도 운영되는 공원 겸 소광장으로 복원된다면 아마도 우리나라 제일의 명소가 될 것이며, 명동의 낭만은 넘칠 것이다. 더불어 명동 전체의 상권 활성에도 크게 도움이 될 것이다.

소요재원 확보를 위해 일본에서는 이미 성공적으로 적용한 바 있는 공중권(空中權) 개념을 도입하면 좋을 것이다. 명동지구를 특별지구단위 지역으로 만들어 잉여공중권을 타 지구에 매각하면 소요자금을 확보할 수 있을 것이다.

부동산 컬러 마케팅의 중요성

계절에 관계없이 항상 빨간 넥타이를 매고 TV 방송에 자주 등장했던 어느 정치인의 컬러 선택에 대한 무감각이 화제가 된 적이 있었다. 그러나 이런 정도는 참을 수 있는 애교로 봐줄 수 있는 수준이다. 그러나 색채에 대한 이야기를 부동산에 가지고 가면 이야기가 달라진다. 주위 환경과 조화가 안 되는 색채는 도시미관을 해치고 그곳에 사는 또는 그 건물을 바라볼 수밖에 없는 시민들에게 정서적 불안감을 준다. 또한 그 건물뿐 아니라 인근 지역 전체 부동산의 가치를 떨어뜨린다. 반면 주위 환경과 어울리면서도 독특한 개성을 갖는 색채는 보는 사람의 마음을 즐겁게 하며 부동산의 가치를 올려준다.

시골을 가다보면 종종 눈에 띄는 주위 풍광과는 전혀 어울리지 않는 빨강, 파랑의 원색적인 주택지붕은 아직 우리 농촌이 도시와 농촌 간의 불균형 성장에서 벗어나지 못하고 어려운 형편에 있는 탓으로 돌릴 수 있다. 그러나 도심의 어느 유명 호텔이나 강남 중심가에 위치한 프라임급 빌딩의 외벽은 색채에 대한 무감각을 그대로 나타내고 있어 눈살을 찌푸리게 한다. 우선 주위 환경의 색채와 어울리지 않을 뿐 아니라 그 지역의 특수성이 고려되지 않은 컬러이다.

대도시는 정부부처가 모여 있는 관청가, 대(大)회사들이 모여 있는 비즈니스 업무지구, 금융센터·백화점·쇼핑센터가 모여 있는 상업지구, 문화지구, 위락지구 등이 있다. 관청지구에 상업지구에나 어울리는 색채를 쓴다면 어색할 수밖에 없고, 업무지구에는 위락지구에 적합한 색채가 어울릴 수 없다. 하나 더 예를 든다면 수도권 지역에 위치한 골프장에 들어선 유럽 지중해풍 빌라의 색채이다. 주위 풍광과 너무나 어울리지 않아 그 고급빌라가 왠지 초라하게 보이기까지 한다.

외국의 예를 들면 문화대국 프랑스 파리의 샹젤리제 거리에서는 적색을 엄격히 규제하고 있다. 일본 교토의 특정 지역에 들어간 패스트푸드 업체인 맥도날드 점포도 그 특정 지역 환경과 부적합하다는 이유로 아직도 자체로고 컬러인 붉은색을 못 쓰고 있다고 한다.

우리의 경우는 어떤가, 대단위 아파트를 짓는 주택업체들은 나름대로 브랜드 컬러를 갖고 있다. 그런데 문제는 이들 업체들이 지역을 불문하고 모두 똑같이 자체 브랜드 색채를 아파트 외벽에 바르고 있는 점이다. 앞으로는 도심, 바닷가, 강가, 농촌 지역 등 지역 특성에 맞게 어울리는 아파트 외벽 색채를 적용하면 좋을 것이다. 한 걸음 더 나가 회사로고의 특정 컬러까지도 주위 환경에 따라 변화를 준다면 매우 바람직할 것이다.

이제 세상은 정보사회를 거쳐 감성, 문화의 시대로 바뀌고 있다. 사람은 정보의 85% 이상을 시각을 통해서 얻는다고 한다. 그 중 색채에 대한 느낌이 형태보다 더 사람의 감성에 영향을 준다고 한다. 부동산 시장에서 컬러 마케팅의 중요성은 점점 높아지고 있다. 적합하면서도 개성 있는 색채의 선택만으로도 그리 큰 돈을 안 들이면서 부동산가치를 올릴 수 있는 좋은 마케팅 수단이기 때문이다.

대구 노보텔

지난 수년간 대구 도심지에 방치되었던 구 밀리오레쇼핑스토어와 오피스텔이 프랑스계의 세계적인 호텔인 노보텔과 대구씨티센터, 도란플라자로 리모델링되어 새롭게 탄생되었다. 이러한 도심건물의 리모델링이 세간의 관심을 끄는 데는 몇 가지 이유가 있다. 첫째로 투자한 자본의 성격과 펀드의 운영자이다. 대구 노보텔의 경우 보통의 한국 사람보다 한국을 더 사랑하는 피에트로 도란(Pietro Doran)이 운영하는 펀드이다. 그는 한때 모건스탠리에서 부동산 관계 일을 했지만 일찌감치 독립해 독자적인 역외펀드를 운영하며 주로 한국의 부동산에 성공적으로 투자하고 있다. 이번 대구 노보텔에 투자한 자금은 전부 외국인 투자이다. 지금까지 한국에 진출한 세계적인 호텔은 많았으나 대부분 호텔 운영만 수탁 경영하는 형태이고 직접 자본을 투자한 경우는 매우 드문 경우이다.

둘째로는 대구에서 국제 수준급의 호텔이 갖는 파급효과이다. 필자는 지난 수십 년간 대구, 부산, 울산 지역에 공무 또는 사적인 일로 여행을 했지만 대구에서 숙박을 한 것은 이번이 처음이었다. 일은 대구에서 봐도 숙박은 경주나 부산에서 했던 것이다. 노보텔 오프닝 만찬에 참석한 김범일 대구시장은 도시가 공동화된 대구 중심에 노보텔 호텔 등 수준급의 쇼핑 위락시설이 생기므로 도넛효과(doughnut effect)로 도심 재개발에 촉매 역할을 할 것이라고 기뻐했다.

맞는 이야기다. 사람 사는데 편안하게 휴식할 수 있고 먹고 마실 수 있는 시설은 기본 중에 기본이다. 어느 동네 또는 어느 도시고 사람을 끌어들일 수 있는 매력이 있어야 발전할 수 있고, 그 기본은 맛있는 음식점과 관광객을 숙박시키는 수준급의 호텔이다. 필자는 경기도 광주에 주말이면 자주 갔었으나 오랫동안 단골로 다니던 장어집이 문을 닫자 요즈음은 그리 발길이 향하지 않고 있다. 사람이란 그런 것이다. 교통, 경관도 중요하지만 이에 못지않게 적당한 값에 즐길 수 있는 맛있는 음식점도 매우 중요하다.

청계천과 더불어 서울숲은 서울의 자랑거리다. 경마장과 9홀 골프장이 있던 곳이었기에 조경도 잘 되어있다. 접근로에 불편한 점이 약간 있지만 넓은 풀밭에 방목되고 있는 사슴도 볼 수 있는 뉴욕의 센트럴파크 같은 휴식처이다. 그러나 그 안에는 매점이나 패스트 푸드점은 있으나 아쉽게도 수준급의 레스토랑이 없다. 분수도 멋있고 호숫가에서 바라보는 잔디 광장, 나무숲도 환상적이다. 거기에 근사한 레스토랑이 있다면 아마도 젊은 남녀의 데이트 장소로도 장안에 손꼽히는 곳이 될 것이다.

과거 권위주의 시대에는 관공서 건물이나 은행지점이 들어오면 그 동네 부동산 값에 긍정적으로 큰 영향을 미쳤다. 요즈음은 맛있는 음식점, 편리한 쇼핑몰 등이 유통업계에서 말하는 소위 앵커(anchor) 역할을 하고 있다. 이와 같은 점에서 모처럼의 수준급 호텔인 대구 노보텔이 대구시에 주는 긍정적인 효과는 매우 클 것이다.

좋은 **식당**이 있어야 한다

　예술의 전당이나 대학로의 아르코 극장, 명동예술극장 등 공연장들의 공연시설은 수준급으로 뉴욕의 브로드웨이의 공연장이 부럽지 않다. 그러나 관객에게 좀 더 매력 있는 공간이 되기 위해서는 감동적인 공연을 보고 그 여진을 느끼면서 공연을 같이 본 일행들과 적절한 값으로 뒤풀이를 할 수 있는 수준급의 식당이 있어야 한다. 그러함에도 현실적으로는 극장시설과 관객의 수준에 걸맞은 수준급이면서 가격은 적절한 식당을 공연장 내에서 찾기 어렵다.

　여의도 공원도 마찬가지다. 약 6만 9,000여 평의 금싸라기 땅에 조성된 공원으로 뉴욕의 센트럴파크 못지않게 여의도 금융가 중심에 펼쳐있다. 소나무숲, 잔디광장, 인공실개천, 연못 등 조경 디자인도 수준급이다. 그러나 아쉽게도 휴게시설만은 1970년대 수준의 서울 근교 유원지에 있을 법한 간이매점 정도이다. 이곳은 주로 여의도 금융가에서 일하는 고소득 금융인들이 자주 찾는 공원이다. 그들이 이용할 수 있는 수준급의 식당을 유치하면 공원 품격도 올라가고 공원을 이용하는 이용객뿐 아니라 외국 관광객들에게도 인기 있는 공간이 될 것이다.

　한군데 더 예를 든다면 서울숲의 경우이다. 그 좋은 나무숲과 잔디광장, 넓은 연못, 그리고 분수가 있는 공원의 중심에는 아무데서나 볼 수 있는 간이식당만이 있을 뿐이다. 그 곳에 수준급의 식당을 유치하면 아마도 장안에 최고가는 명소(名所)가 되어 데이트 장소나 외국관광객 유치에도 큰 몫을 하게 될 것이다.

시행청이나 관리회사 입장에서는 이렇게 운영되고 있는 몇 가지 이유가 있을 것이다. 첫째로는 경쟁 입찰을 하므로 고가로 낙찰된 업자는 수익을 맞추기 위해 음식 값을 올릴 수밖에 없게 되어 이용객이 외면하는 경우가 있을 것이다. 둘째로는 아직 그 지역에 상권이 형성되지 않아 입점하려고 하는 수준급의 식당이 없을 경우를 생각할 수 있다.

그러나 시행청이나 관리회사도 이용객인 고객 위주로 생각을 바꾼다면 해결책이 나올 수 있다. 거액의 예산을 드린 공공시설이나 사회 간접투자시설에 식당 임대료 낙찰가격이 차지하는 비중은 미미하다. 그러므로 오히려 식당의 경우는 최고가 입찰보다 그 공연장시설에 걸맞은 식당을 운영할 수 있는 능력이 있는가 여부에 큰 점수를 주어서 유명 식당을 유치하는 편이 더 효율적이다. 또한 아직 상권 형성이 미숙한 경우는 수준급의 식당 유치에 보조금을 주어 유치한다는 개념으로 일정기간은 임차료나 보증금을 대폭 삭감하는 융통성 있는 방향도 생각해 볼 수 있다.

백화점이나 쇼핑몰에서는 고객을 끌어들이기 위해 CGV 같은 복합영화관이나 슈퍼마켓 같은 주력임차인(anchor tenant)에게는 특별히 싼 임차료를 받고 있다. 공원이나 공연장에서도 이와 같은 융통성 있는 임대방식을 채택한다면 고객에게 질 높은 서비스를 제공하게 되고 결과적으로 그 시설 전체의 품격과 가치를 높이는 이중의 효과가 있을 것이다.

부동산학은 유용한 학문이다

최근 청년실업이 사회문제가 되고 있고 건설, 부동산 경기가 나쁜 상황이라 대학졸업반 학생들의 취업 문제가 매우 심각하다고 생각되어 어느 모임에서 만난 부동산학과 교수에게 취업 상황을 물었다. 경기가 나빠 기업들이 어려우므로 전반적으로 취업 상황이 좋지는 않지만 부동산학과의 경우는 다른 과보다는 나은 편이라는 의외의 답을 들었다. 부동산학과 출신들의 취업이 주택회사, 건설회사뿐 아니라 유통업, 은행, 보험 등 금융기관과 최근에 많이 생긴 자산운영사 등으로 그 대상이 점점 넓어지고 있다고 했다.

버스회사는 법규상 비교적 넓은 주차장을 구비해야 한다. 버스회사 오너는 버스운송사업으로 벌어드리는 돈 못지않게 시간이 지나면서 마지못해 구입한 주차장 부지 값이 올라 큰 수익을 보았다는 이야기는 오래전에 익히 들은 이야기다. 이제는 이와 비슷한 상황이 이마트, 롯데마트 같은 대형마트, 백화점, 하이마트 같은 전자제품 전문마트에도 적용되고 있다. 그들에게는 입지 선정 및 관리가 중요한 마케팅 수단이며 투자수익에 큰 부분이 되고 있다. 또한 고객의 돈을 맡아서 그 가치를 키워주어야 하는 보험회사, 자산운영사 및 투자은행들은 부동산에 전문적으로 투자하고 운영해야 하는 고급 전문인력이 필요하다.

제조업을 하는 대기업에서도 시설투자, 구조조정에 큰 몫을 차지하는 부분이 토지, 건물 등 부동산을 효율적으로 투자하고 운영하고 처분하는 것이다. 이와 같이 토지를 원재료로 하는 주택회사나 건설회사뿐 아니라 유통업, 제조업, 은행, 보험업, 자산운영사 등 매우 다양한 분야에서 전문적인 부동산 투자, 운영 관리가 중요해지고 있다. 또한 우리나라 부동산 시장도 문호가 개방되어 세빌스(SAVILLS), CBRE 같은 외국 컨설팅회사, 투자회사들이 이미 국내에 진출해 활발한 영업활동을 하고 있다. 뿐만 아니라 우리나라 투자가들도 부동산 리츠나 펀드를 통해 외국 부동산에 투자를 하기 시작했다. 국민연금, 사학연금 같은 대형 기관투자가들도 외국 주요 도시의 대형 부동산에 투자를 하고 있다.

이러하게 우리나라 부동산 시장이 여러 산업 분야에 깊숙이 관련되고 있고 외국 투자가들에게도 개방된 시장이 되었다. 또 외국 부동산에 대한 투자도 서서히 늘어나고 있으므로 선진경영기법으로 부동산 시장에 효율적으로 접근하지 않으면 안 되게 되었다. 이와 같은 환경의 변화로 부동산 평가, 부동산 관련 법, 투자, 금융, 운영, 중개 등 부동산 경영에 필요한 분야를 연구 대상으로 하는 부동산학은 점차 더 유용한 학문이 되어가고 있다.

이러한 부동산 분야의 인재를 키우기 위해 수도권 및 지방대학에는 대부분 부동산 관련 학과가 있다. 그러나 오래전에 설립되어 서울 시내에 자리 잡고 있는 유명대학에는 부동산학과가 대부분 설치되어 있지 않다. 필자의 모교의 총장, 학장에게 수차 부동산학의 유용성을 강조하고 부동산학과 설치를 요청한 바 있으나, 아직도 실현되지 못했다. 이는 대학 정원 조정이 쉽지 않기 때문이라 생각된다. 시대의 흐름에 따라 학문의 영역도 변화할 수밖에 없다. 앞으로 유명대학들도 머지않아 부동산학과를 설치하지 않을 수 없게 될 것이다.

part 02
행복한 부동산을 위한 조언

"인간이 부동산과 만나면 탐욕스러워진다.
열광, 환상, 공포, 파국의 심리를 절제하고 부동산과의 만남을
아름답게 만들어야겠다."

행복한 부동산을 위한 조언

chapter 01

부동산 투자 시 고려사항

부동산 투자에 있어 최유효이용(highest and best use) 개념은 매우 중요하다. 내가 투자하고자 하는 부동산이 현재 최유효이용 상태인가 그렇지 않다면 앞으로는 가능한가 또 전환에 소요되는 비용은 얼마이고 합법적인가 등을 고려해야 한다.

최유효이용

　부동산 시장에서 말하는 최유효이용(highest and best use)이란 토지, 건물 등 부동산이 합법적이면서도 기술적인 면, 경제적 타당성 면에서 최고, 최선의 이용이 되어야 한다는 뜻이다. 이미 폐기되었지만 공한지세를 회피하기 위해 세운 임시 가건물은 토지주에게는 세금 면에서 유리하겠지만 최유효이용은 아니다. 도심을 지나다보면 자주 볼 수 있는 중심요지에 가건물 비슷한 건물로 지여진 패스트푸드 식당이나 건축자재판매점 등이 그 사례가 된다. 또 옆 토지와 합쳐서 멋있게 재개발할 수 있을 텐데 서로 협조가 안 되어 토지 값이 오르기만 기다리는 것 같은 볼품없는 낡은 건물들도 마찬가지로 최유효이용이 되지 못한 사례이다.

　어떠한 토지라도 나름대로 가치를 지니고 있다. 큰 바람이나 산사태를 막아주는 보안림 토지, 도시인에게 한 겨울에도 신선한 야채를 공급해주고 있는 비닐하우스 토지 등이 있듯이 모든 토지는 나름대로 역할을 해야 한다. 도심지 토지는 도시 생활에 어울리는 상가, 오피스나 문화시설에 적절히 이용되어야 제몫을 한다고 하겠다.

　부동산은 자동차, 냉장고 같은 공산품과 다르다. 토지는 간척사업을 제외하고는 인간이 만드는 것은 아니다. 다만 이용을 할 뿐이다. 이러한 부동산이 최유효이용이 안될 때에는 그 부동산은 지역사회에 공공적 책임을 못하는 것이며 소유주의 이윤도 극대화시키지 못하고 있는 셈이 된다. 몇 가지 예를 더 들어보면, 도시의 초등학교 운동장은 수십억 원에서 수백억 원이나 되는 경제적 가치가 있으나 그 위에는 그저 맨땅에 열악한 체육시설이 있을 뿐이다. 그 위에 잔디도 깔고 체육시설의 질을 높여야 한다. 수요 예측이 틀려서 파산위기에 있는 놀고 있는 리조트, 파리만 날리고 있는 몇몇 지방 공항들도 최유효이용과는 거리가 멀다. 강남요지에 6만여 평이나 차지하고 있는 선릉도 최유효이용은 안 되고 있는 대표적인 사례이다. 이미 발표된 프로젝트만도 여러 개인 초고층 빌딩들도 우려된다. 모두들 금융허브를 꿈꾸고 있다. 그러나 금융허브는 한 나라에 한 곳만 성공해도 대단한 성공이다. 이대로 가다가는 최유효이용이 안 되는 사업이 될 것 같아 염려스럽다.

한편에는 매우 바람직한 움직임도 있었다. 청계천 개발이야말로 최유효이용의 대표적인 작품이다. 또한, 삼청동 옛 기무사 터를 국립현대미술관으로 이용하는 프로젝트도 매우 박수 받을 최유효이용의 사례라고 하겠다.

부동산 투자에 있어 최유효이용 개념은 매우 중요하다. 내가 투자하고자 하는 부동산이 현재 최유효이용 상태인가 그렇지 않다면 앞으로는 가능한가, 또 전환에 소요되는 비용은 얼마이고 합법적인가 등을 고려해야 한다. 투자가치 면에서 본다면 이미 최유효이용이 된 부동산보다 앞으로 최유효이용의 여지가 큰 부동산이 더 부가가치가 클 것이다. 다시 말하면 이미 신축 준공된 아파트보다 재건축이 기대되는 아파트가 더 투자가치가 높을 것이다.

부동산가치와 가격

　가치(value)란 미래에 기대되는 편익을 현재 가치로 환원한 값이고, 가격(price)은 특정 부동산이 시장에서 실제로 거래된 실거래 금액을 말한다. 따라서 가격은 특정 부동산의 과거의 값이고, 가치는 현재의 입장에서 미래에 기대되는 편익을 평가한 값이다. 그러므로 가치는 시장에서 이미 거래된 가격과 반드시 일치할 수 없고 괴리가 생기기 마련이다. 또한 특정 부동산의 가격은 하나지만, 가치는 평가하는 사람의 관점에 따라 달라질 수 있으므로 복수가 될 수 있다. 특히 단기적으로 가격은 가치보다 수요·공급 원칙에 의해 결정되기 쉬우므로 가격과 가치의 괴리를 더 크게 만들기도 한다.

　그러나 가치는 가격의 기초가 되는 것이며 가격은 가치에 수렴하게 되어있다. 즉, 가치가 변하면 가격도 변할 수밖에 없다. 부동산가치가 상승·하락하면 시차는 있겠지만 종국에는 가격도 따라서 상승·하락하게 된다.

　우리나라 사람들은 총자산의 약 80%를 부동산에 투자하고 있다고 한다. 선진 외국들보다 부동산에 치중되어 있다. 내가 보유하고 있는 집이나 투자하고 싶은 부동산의 가치는 얼마이고 가격과의 괴리율은 얼마인가 스스로 생각해 볼 필요가 있다.

　부동산이 아닌 주식 투자 이야기지만 서로 일맥상통한다고 생각한다. 투자의 귀재 워런 버핏은 주가는 반드시 기업의 내재가치로 회귀한다고 했다. 버핏의 멘토인 벤저민 그레이엄 역시 투자가들이 빠지는 가장 위험한 함정은 가치로부터 가격을 분리하고 다른 사람의 행동에 따라 거래를 결정하는 것이라고 지적한 바 있다. 주식투자가 뿐 아니라 부동산투자가(보유자도 광의의 투자가라고 할 수 있음)도 새겨들어야 할 경구(警句)라고 생각한다.

　부동산 시장과 주식 시장을 포함한 자산 시장에는 주기적으로 큰 변동이 생기고 시장참여자 간에 희비가 엇갈리는 소용돌이가 생긴다. 하지만 길게 보면 이는 진정한 자산의 가치를 찾기 위한 피할 수 없는 과정이다. 시장참여자에게는 참으로 어려운 시기이고 고통스러운 일이지만 부풀어진 시장 가격이 진정한 자산의 가치에 접근함으로써 시장이 건전하게 된다. 또 새로운 질서가 생기게 되어 지속적인 성장이 가능하게 되는 것이다. 과거에는 이러한 파동의 주기가 10년 정도였으나 모든 것이 빨라지는 지식정보사회에서는 아무래도 좀 단축될 것이다. 그리고 또 비정형적으로 반복될 것이다.

부동산의 가치 평가 제대로 하자

부동산의 가치를 평가하는 데는 세 가지 방법이 있다. 평가 대상 부동산의 종류에 따라 적절한 방법이 선택되어 진다. 첫째로 '수익환원법'이다. 업무용 빌딩, 상가 등에 주로 적용하며 장래 발생이 예상되는 순수익을 기준으로 하여 투자수익률 및 가치를 평가하는 방법이다. 둘째로는 '거래사례비교법'이다. 유사한 부동산의 거래 사례를 비교해 가치를 평가하는 방법이며 주로 거래가 빈번한 아파트 등에 적용한다. 셋째는 '원가법'이다. 거래가 빈번하지 않은 교회, 공항 등 공공건물에 적용하며 동일한 부동산을 다시 취득하는 데 소요되는 코스트를 기준으로 평가하는 방법이다.

세 가지 방법 중 원가법은 그리 사용되고 있지 않고 거래사례비교법이 아파트를 위시해서 보다 광범위하게 부동산 평가에 사용되고 있다. 그러나 주관적인 요소가 강하기 때문에 부동산 운영수입을 기본으로 하는 수익환원법이 보다 합리적이라고 할 수 있다. 수익환원법은 부동산의 가치가 해당 부동산의 운영수입과 연동되며 또한 투자수익률이 국공채(國公債) 이자율과도 비교된다. 따라서 비합리적인 급격한 변동을 스스로 제어할 수 있는 인덱스(index)가 내재하는 합리적인 가치 평가방법이다.

그러함에도 아직 우리나라는 아파트 등 주택에 수익환원법을 사용하는 데 어려움이 있다. 왜냐하면 선진외국과 달리 아파트 등 주택 임대 시장에서 자금이 만성적으로 부족한 개발 시대가 낳은 특이한 제도인 전세(傳貰)제도가 주류를 이루고 있고, 월세(月貰)제도는 일반화되지 못하고 있기 때문이다. 앞으로 저금리 시대가 장기간 정착되고 금융자산이 보다 많이 축적되면 점차 전세에서 월세로 전환될 것이다. 그렇게 되면 보다 합리적인 운영수입 중심의 수익환원법이 널리 사용될 것이다.

모든 문제해결에 있어 문제가 되는 대상의 가치를 합리적으로 평가해야 해결방안을 쉽게 찾을 수 있다. 회사 경영에 있어서도 임직원의 업적 평가를 공정하고 합리적으로 하고 있는 회사라면 이미 그 회사는 계속 발전할 수 있는 일류기업이 된 것이나 다름없다고 하겠다. 이와 같이 복잡한 부동산 문제 해결을 위해서도 부동산가치에 대한 공정하고 합리적인 평가야 말로 그 중요성을 아무리 강조해도 지나침이 없다. 앞으로 부동산가치의 합리적인 평가방법을 부단히 연구하고 발전시키는 것이 복잡한 부동산 문제 해결에 큰 도움이 될 것이다.

투자와 시간가치

투자란 미래의 현금수입과 현재의 현금지출을 교환하는 행위이다. 다시 말하면 확실한 현재의 저축이나 소비를 희생해 불확실한 미래의 수익을 추구하는 행위를 말한다. 그러므로 투자에 대한 의사 결정을 할 때는 화폐에 대한 시간가치 개념을 필수적으로 고려하게 된다.

다소 이론적인 이야기지만 화폐의 시간가치 계산은 이자율과 회수기간이 기본 요소가 된다. 결국 상식적인 이야기로 귀착되어 회수기간이 빠를수록 현재가치가 커진다. 그러나 투자의 현실에서는 항상 이론적인 원칙이 맞는 것은 아니며 오히려 장기간에 걸쳐 회수하는 것이 더 큰 수익을 내는 경우가 종종 있다. 예를 들어보겠다.

A 사는 수도권 지역에 토지를 확보한 후 인접도로 문제로 인허가가 보류되어 5년 동안 분양을 못했다. 하지만 그동안 분양가가 대폭 인상되어 그간의 이자를 커버하고도 큰 수익을 낼 수 있었다.

B 사의 우리사주 조합원의 경우 5,000원에 배정받은 종업원 배정 주식 의무보유기간이 경과된 후 주가가 2만 원이 되자 대부분의 조합원이 모두 매각했다. 그러나 몇몇은 의도적으로 보유 의무기간에 묶인 것으로 가정하고 계속 보유하고 있었다. 지금 주가는 7만 원이나 되고 있다.

C 상무의 경우는 좀 특이한 경우다. IMF 직후 구조조정 시 업적이 뛰어났음에도 회사를 떠났다. 그는 그 당시 상사의 부당한 인사에 분개하고 있다. 퇴직금으로 H 중공업 주식을 매입하고 매각 충동

이 있을 때마다 그 상사에 대한 억울함을 되씹고 장기 보유하고 있다. H 중공업 주가는 그때로부터 아마도 10배 이상 올랐을 것이다.

위 사례에서 몇 가지 공통점을 찾을 수 있다. 첫째로 평소에 저평가되고 있던 자산이나 시장에서 모르고 있던 호재를 가진 자산이 어떤 계기가 되어 재평가될 때는 시간가치(이자율)를 훨씬 넘는 수준까지 가치가 올라간다. 둘째로 보통의 투자가는 탐욕과 공포로부터 벗어나기 어려우므로 위의 사례와 같이 장기투자를 유도하는 특수 환경이 오히려 덕이 되는 경우가 가끔 있다. 마지막으로 위의 사례는 모든 자산에 해당되는 것이 아니고 투자한 산업이 시장을 주도하게 된 우량자산인 경우에만 해당된다. 투기성이 강한 산업이거나 비우량자산은 해당될 수 없다.

무작정 장기투자가 유리하다는 이야기는 절대로 아니다. 자산의 질을 평가할 수 있는 능력이 있어야 되고 또 기회가 왔을 때 이를 잡아 행운으로 만들 수 있는 능력이 겸비되어야만 가능한 사례이다.

매각 타이밍은 봄날처럼 짧다

투자는 타이밍의 예술이라고 한다. 모든 성공한 투자는 시기를 잘 맞추었기 때문이다. 인간의 본성에 내재되어 있는 탐욕, 불안, 공포를 극복하고 최종 결심을 하는 용기의 결과이다. 특히 사는 것 보다 파는 것이 더 어렵고 더 중요하다. 필자가 자동차회사 CFO(최고재무관리자) 시절 BW(신주인수권부사채)을 발행하기 위해 런던에서 채권인수단 측과 가격에 대한 협상을 했다. 양측이 주장하는 가격에 큰 차이는 없었으나, 서로 논리적 주장을 굽히지 않아 협상이 결렬까지 갔었다. 그 순간 우리 측이 물건을 파는 사람이 아닌가하는 생각에 아쉬운 양보를 하고 협상을 마무리했다. 이후 매우 성공적인 딜(deal)이었다고 평가를 받았다.

마케팅 이론에는 시장이 경기가 좋아서 판매자 시장(seller's market)일 경우는 사는 사람이 거래조건에 있어 양보를 해야 한다. 반면 불경기가 되어 구매자 시장(buyer's market)일 경우는 파는 사람 측에서 양보를 해야 거래가 성사된다고 한다. 맞는 말이다. 이러한 이론에는 이론(異論)의 여지가 없다. 그러나 이 이론에 기간의 개념을 도입하면 그리 간단하게 말하기가 어렵다. 실전에서 많은 거래를 하고 있는 시장참여자들의 경험치이긴 하지만 판매자 시장인 경우가 구매자 시장보다 상대적으로 짧다고 한다. 월스트리트에서는 대체적으로 20% 정도가 판매자 시장 즉 매각 타이밍이라고 한다. 그 시기 놓치면 원하는 값에 팔기가 쉽지 않다는 이야기다. 이러한 점이 고려되었는지 모르지만 미국 등 유럽 국가들은 부동산중개수수료도 매각 측에서만 지불하고 매수측에서는 지불하지 않는 것이 관례이다.

많은 사람들이 관심을 갖고 주시했던 대우해양조선의 M&A 경우를 생각해보면, 매각 측인 KDB는 연부납부조건이래도 얼른 받아드리고 거래를 종결했어야 했다. 판매자 시장은 봄날과 같이 짧다는 것을 인지하지 못했는지 또는 언론에 나오지 아니한 다른 특별한 이유가 있었는지는 모르겠다. 다만 아마도 그들은 좋은 기회를 놓친 것이고 다음 매각 기회는 한참을 더 기다려야 할 것이다.

대부분의 국제적인 기업이나 IB의 경우 투자 결정 시 출구전략(exit plan)을 반드시 점검한다. 왜냐하면 모든 상품이나 서비스에는 라이프사이클이 있기 마련이고 또 세상에는 영원한 것은 없기 때문이다. 일례로 부동산 업계에 요샛말로 매우 쿨한 뉴스가 있었다. 30대의 H 사장은 창업해 운영하던 IT업체를 좋은 값에 매각하고 그 대금으로 강남 미래에셋생명빌딩을 880억 원에 매입했다. 그 후 그는 홀연히 미국으로 평소에 하고 싶은 분야의 공부를 하기 위해 유학을 떠났다.

부동산은 다른 자산과 다르고 무작정 오래갖고 있는 것이 좋다는 통설이 있으나 시장 환경이 빠르게 변하고 있고 부동산 종류도 다양해지고 있음을 생각해야 한다. 앞으로는 부동산도 분야별로 세분화해 시장을 주도하고 내재가치가 충실한 부동산과 그렇지 않은 부동산을 구분해 판단함이 필요할 것이다.

유행을 주도하는 곳에 투자해야

1970년대 말 젊은이들에게 장발이 유행할 즈음 뉴욕·런던을 가보니 그들 사이에서는 이미 철 지난 유행이 되어 사라지고 없었다. 그러나 서울에서는 한창 유행 중이었고 지방은 서울보다 더 오랫동안 계속되었다. 이처럼 유행을 만들고 앞서가는 곳에서는 패션뿐 아니라 경제·문화 등 사회전반에 걸쳐 유행이 빠르고 새롭게 변한다. 반대로 단순히 유행을 수용하는 곳에서는 발전과 변화가 더딘 듯하다.

캐나다 몬트리올을 방문하고 온 프랑스의 한 은행가로부터 매우 흥미 있는 이야기를 전해 들었다. 파리에서는 불어가 변화하는 문화에 맞게 새롭게 변해왔으나 같은 불어 언어권인 몬트리올에서는 200~300년 전의 고어체(古語體) 불어를 그대로 쓰고 있어 알아듣기가 어려웠다는 것이다. 한자의 경우도 이미 중국에서는 문맹 퇴치와 효율을 높이기 위해 많은 부분을 개량하고 약자화(略字化)해 사용하고 있으나 우리는 아직도 200여 년 전 청나라 시대의 어려운 한자를 그대로 쓰고 있다. 중국 연변자치구에서는 아직도 100여 년 전 우리들의 생활 풍물을 그대로 볼 수 있다. 이는 새로운 문화를 만들어 내지 못하고 그대로 정체하고 있는 결과라고 하겠다.

새로운 유행을 만드는 것은 남이 따라하도록 하는 매력이 있어야 하며 아무나 할 수 있는 것이 아니다. 튼튼한 인프라, 창조정신 없이는 불가능하며 오직 문화 선진국만이 할 수 있는 일이다. 우리가 지금 유행을 받아들이고 있고 따르고 있는 서구문명과 유행에 대해서도 다시 한번 생각해야 한다. 혹시 변방에서 그저 뉴욕·파리·런던의 패션만 우러러보고 있고 때늦은 유행만 붙잡고 있는 것은 아닌지 생각해 보아야 한다. 유행을 선도할 때 부가가치가 있고 블루오션 시장이 되며 뒤따라만 가는 사람에게는 레드오션 시장이 되고 낮은 부가가치만 남아있을 뿐이다.

부동산 시장도 마찬가지다 1970년대 같은 개발 시대에는 강남에 먼저 투자했어야 했고, 1990년대 같은 경제호황기에는 넓은 평수의 아파트에 투자했어야 했다. 지식정보사회에서는 교외보다 도심이 더 높은 부가가치를 생산하게 되어있다. 부동산 투자도 도심서비스 산업에 더 주력하는 것이 좋을 것이다.

세계경제의 축이 산업혁명의 발상지인 유럽에서 출발해 미국에서 꽃피웠고 일본을 잠깐거치고 한국을 스쳐가면서 중국, 인도로 계속 서진(西進)하고 있다. 이러한 흐름에서 해외 부동산 투자도 이제 와서 미국, 유럽 대형 부동산에 거액을 투자하는 것이 장기적으로 바람직한 방향인지 다시 한 번 생각해야 할 것이다. 뉴욕·런던의 대형 부동산에 투자하는 것이 유행을 주도하는 지역에 투자하는 것으로 아직 유효한지 계속 자문(自問)하고 고민해야 할 것이다.

스토리가 있는 부동산

21세기는 예술과 감성이 앞서는 시대라고 한다. 국민소득도 2만 달러를 넘어서고, 선진국 문턱에 와 있는 우리 경제에서는 좋은 위치와 고급 건축물만으로는 2%가 부족하다. 그 지역 또는 관련 건축물에 의미를 부여하는 스토리텔링이 있어야 감동을 준다.

아직은 우리 주택·부동산 시장에서 스토리텔링을 적용한 예는 찾아보기 힘들다. 강남에서 최고의 입지를 자랑하는 압구정동 현대아파트단지는 원래 조선 시대의 명재상(名宰相)이었던 한명회가 살던 곳이다. 당시의 최고 권세가가 선택한 명당자리이다. 이는 그럴듯한 이야기 거리를 만들 수 있는 재료인데 아쉽게도 아파트단지 어디도 한명회에 대한 기록이 없다. 또 고급 주거단지의 대명사가 되고 있는 도곡동 타워팰리스단지도 초고층에 고급 인테리어로 건축되었으며, 고급 상가와 식당이 즐비하지만 어디에도 국제 수준급의 휴식처가 된 아름다운 양재천이나 관련 건축물의 상징성 등을 이용한 스토리텔링을 찾아볼 수 없다.

단순히 최고의 입지, 고급 시설이라는 사실만으로는 충분치 못하고 스토리텔링이 겸비되어야 공감과 감동을 줄 수 있다. 어느 지역을 관광할 때에도 그 지역에 관련된 에피소드나 역사를 듣게 되면 훨씬 더 이해가 빠르고 친근감이 가는 것과 같은 이치이다.

요즈음 뜨고 있는 건축가 다니엘 리베스킨트는 "훌륭한 건축물은 자기 나름대로의 이야기 거리를 갖고 내부의 사람뿐 아니라 건물 밖의 사람들과도 대화를 하고 있는 것"이라고 표현하고 있다. 미국 덴버의 주택은 그가 설계한 박물관이 보이는 쪽이 로키산맥이 보이는 쪽보다 값이 비싸다고 한다. 무조건 비싸고 고급이라는 이미지만으로는 오래갈 수 없다. 오히려 고급 자재, 고급 인테리어는 시간이 흐르면 가치가 감소될 뿐이다. 오래되어도 가치가 유지되고 때로는 가치가 더 올라갈 수 있는 스토리텔링을 찾아야 한다.

개발 단계에서 그럴듯한 스토리텔링을 갖고 단지설계에 선(先)반영 시킨다면 바람직하겠지만 이미 개발이 끝난 단지라 해도 주민들 스스로 그 단지만이 갖고 있는 특색 있는 스토리텔링을 발굴해 조경·조명·사인보드 등에 약간만 투자해도 그 단지의 품격을 높이는 데 크게 도움이 될 것이다. 그렇게 되면 그 단지 부동산 값에도 플러스효과가 있을 것이다.

승자의 저주

‘승자의 저주(winner’s curse)’라는 개념은 미국 애틀랜틱 리치필드 사에 근무하는 세 명의 석유 기술자가 1971년에 발표한 논문에서 처음 언급한 개념이다. 석유시추권 입찰 시장에서 많은 시장참여자의 뜨거운 경쟁으로 시추권이 그 가치 이상으로 높은 가격에 낙찰되었고, 결국 그 낙찰자는 ‘승자(勝者)의 저주’를 받아 파산한 사례에서 나온 개념이다. 승자의 저주는 모든 경매참여자들이 합리적이라면 발생하지 않아야하나 현실은 끊이지 않고 일어난다고 한다. 왜냐하면 수많은 참가자들이 동일한 실수를 계속 반복하고 있기 때문이다.

승자의 저주라는 문제는 우리나라 부동산 시장에도 많은 시사점을 주고 있다. 특히 현재 추진 중인 대형 복합개발 프로젝트의 사업 모형을 보면 걱정스러운 점이 많다. 현재 개발 중인 신도시 내의 중심상업지구 복합개발의 예를 보면 사업시행자 선정에 있어 토지가 입찰금액, 호텔, 백화점 등의 입점 등을 경쟁을 붙여서 선정하고 있다. 결국 승자가 되려면 토지가는 최고금액에 근사한 중심상업지구를 위한 각종 유명 시설의 입점 경쟁에서 이겨야 하는 구도로 되어있다.

또한 몇 조 원 단위가 넘는 대형 프로젝트이므로 한 회사가 단독으로 참여하기 어려워 리스크를 분산시키기 위해 7~10개의 대형 건설회사·유통회사들이 공동 참여한 컨소시엄을 구성하고 있다. 당연히 주간사를 맡은 회사에서 시장 조사를 포함해 모든 사업계획을 작성하고 검토하고 있으나, 현실은 어느 큰 회사도 참여했으니 우리도

해야 한다는 감성적인 면도 있음을 부인하기 어렵다. 결과적으로는 서로 책임이 분산되어 아무도 책임을 지지 않는 '공유의 비극'도 개입되고 있다.

토지 소유자는 높은 토지가로 즐거울 것이나 사업성을 크게 훼손하는 높은 토지가격은 사업 진행을 지연시키거나 어렵게 할 것이며 종국에는 모든 참여자에게 큰 손실을 줄 것이다. 뿐만 아니라 편리하고 근사한 중심상업지구를 갖고자 하는 신도시 주민들을 크게 실망시킬 것이다. 앞으로는 입찰방법을 바꾸어 지나친 가격 경쟁에는 오히려 감점을 주고 사업구성과 설계 등을 통한 경쟁이 되도록 유도함이 바람직하다.

승자의 저주는 소액 개인 투자가들도 깊이 새겨들어야 할 개념이다. 모든 경쟁에서 이길 필요가 없고, 가치 있는 경쟁 외에는 양보하는 것이 승자의 저주를 피할 수 있는 현명한 선택이다.

생활풍수와 부동산가치

　부동산의 가치를 평가하는 방법에는 부동산의 종류에 따라 세 가지 방법이 사용되고 있다. 투입된 원가를 기준으로 하는 원가법, 비슷한 거래사례를 통한 거래사례비교법, 향후 발생될 투자수익률로 평가하는 수익환원법이다. 그러나 우리 일상생활에 밀접하고 고가인 주택과 부동산을 평가하고 선택하는 데에는 이러한 이성적이고 과학적인 접근방법만 있는 것이 아니다. 감성적인 평가 방법도 자주 애용되고 있다. 생활풍수가 그중에 하나이다.

　풍수하면 제일 먼저 떠오르는 것인 묏자리 선택이다. 조상의 묘소를 좋은 곳에 모셔서 그 후광을 누려 보겠다는 발복(發福)적인 계산이 들어있다. 혹자는 돌아가신 조상님을 편안히 모시겠다는 효도의 일환이라고 주장할 수 있겠으나 그 내심에는 음덕(蔭德)을 보겠다는 바람이 깔려 있다고 하겠다. 솔직히 그 효과도 제대로 알 수 없으며, 이러한 관습은 우리 세대에서 끝내고 자연친화적인 수목장으로 전환하는 건 어떨까 한다.

　홍콩, 싱가포르에서 유행해 이제는 서구에까지 영향을 주고 있는 생활풍수는 입지선정·조경·건축·인테리어에 적용되고 있다. 실용적이고 일리가 있어 부동산의 가치 평가에도 현실적으로 상당한 영향을 미치고 있다. 필자 역시 30여 년 넘게 살고 있는 아파트단지를 못 떠나는 이유는 낡고 오래된 아파트지만 편안한 느낌, 눈 익은 주변 경관에 애착이 가며, 이 집에 살면서 크게 나쁜 일이 없었다는 매우 주관적인 가치까지 추가되었기 때문이다. 이러한 생각도 생활풍수의 하나라고 생각한다.

생활풍수적으로는 집 마당 크기에 어울리지 않는 너무 큰 나무, 세모꼴 집터, 수맥(水脈)이 지나가는 집터, 주위와 어울리지 않는 색깔은 피하는 것이 좋다. 실내 인테리어에도 고려할 사항들이 많다. 주택에서 침대의 위치, 오피스빌딩에서 CEO의 방과 책상의 위치는 매우 중요하다. 이를 위해 가구, 조명, 거울 등을 적절히 이용할 필요가 있다.

생활풍수를 비과학적이라고 무시할 수만은 없다. 알고 보면 상식적인 것이고 일리가 있는 면이 많기 때문이다. 다만 다소 감성적인 면이 강하다는 특징이 있을 뿐이다. 마음이 편안하고 또 자신이 추구하는 가치관이나 목표와 일치하면 바로 그것이 생활풍수 면에서도 자신에게 맞는 부동산이다. 부동산가치를 평가하는 데 현실적으로 생활풍수가 상당한 영향력을 갖고 있음을 인정하고 부동산을 개발하거나 투자를 할 때 사전에 참고한다면 적지 않은 도움이 될 것이다.

부동산 재테크 통찰력

재테크(財Tech)라는 말은 1980년대 경기가 한참 좋았던 시절 일본에서 만든 신조어다. 그러나 이제는 일반화된 경제용어처럼 되었다. 부동산에 있어서도 재테크의 성공 여부는 개인의 부 형성에 큰 영향을 주었다. 한 번의 결정이 재테크의 성과를 좌우하기도 했다. 많은 사례가 있지만 대표적인 세 가지 예를 들어 보겠다.

첫째는 1970년대 강남 개발 당시 과감히 강남으로 주거를 옮긴 사람과 강북에 계속 남아있었던 사람들, 둘째는 1990년대 강남 아파트를 팔고 그 당시 새로이 등장한 빌라로 이사한 사람들이다. 마지막 셋째로는 2000년대에 복잡한 서울 도심을 벗어나 개발이 가속되고 있는 신도시로 옮긴 사람들이다. 이들은 부동산 재테크 시 한 번의 결정이 얼마나 중요한 것인가를 경험한 사람들이다.

지금 이 시점에서 생각해보면 세계 어느 큰 도시고 큰 강을 끼고 발전했으므로 서울도 한강을 중심으로 하여 발전할 것이라는 것은 읽을 수 있었다. 또한 부족한 주택난 해결은 결국 아파트라는 주거형태를 중심으로 확대해 갈 수밖에 없었으므로 모든 정부정책이나, 주택업계의 역량도 빌라보다는 아파트에 역점을 둘 수밖에 없었다. 그리고 우리가 농경사회에서 산업사회로 전환 발전하는데 모델이 되었던 일본의 예를 보아도 결국은 위성 신도시에서 도심지로 회귀할 것을 예상할 수 있었을 것이다.

소위 재테크, 투자의 기본은 시장의 큰 흐름을 읽는 것이다. 그 당시 시장참여자들도 관련 자료의 분석이나 전문가의 조언도 듣고 심 각한 고민을 한 후 결정했을 것이다. 그러나 상당수 시장참여자들은 시장의 흐름과는 역행하는 결정을 했음을 알 수 있다.

우리는 지금도 정보의 홍수 속에 살아가고 있다. 수많은 상반된 정보와 논평이 자기만의 주장을 하고 있다. 큰 흐름을 잡기 위해서는 나무만 보지 말고 숲을 보고 대세를 판단해야 한다. 그러나 큰 숲 속에 빠져있으면 나무만 보이는 것이 현실이다. 우리 모두가 숲 속에서 살아가지만 눈에 보이는 나무만 볼 것이 아니라 숲을 보는 능력, 눈에 보이지 않는 것도 읽을 수 있는 통찰력(foresight)이 필요하다. 이러한 통찰력을 갖기 위해서는 주위 사람들의 이야기나 전문가들의 조언에만 의존할 것이 아니고 투자에 기본이 되는 정보를 분석하고 스스로의 안목을 높여 자신만의 원칙을 갖고 있어야겠다.

해외 자산투자와 환 헤지

큰 사업을 하는 대기업에서 일반 가계에 이르기까지 경제활동을 하는 경제 주체에게는 금리·외환·주가가 중요한 변수가 되고 있다. 그중에도 요즈음 같은 전 세계적인 금융위기 속에서는 외환 문제가 가장 중요한 경제 변수가 되었고 이에 따라 경제 주체들의 희비가 엇갈리고 있다. 몇 년 전(2008년 12월)에 발생한 몇 가지 사례를 들어보겠다.

CASE 1

주로 중소수출업체들이 원화가 강세일 때 환차손을 줄이기 위해 가입한 키코(KIKO) 거래로 막대한 손실을 입고 도산한 기업까지 생겼다. 거래금액의 2~3배까지 오른 고환율로 외화를 상환해야만 했기 때문이다. 결국 거래 은행들과 법적 소송까지 가고 있다.

CASE 2

수주에서 인도까지 2~3년이 걸리는 조선업계는 환차손 위험에 크게 노출되어 있다. H 조선은 3년 전에는 외환 헤지를 하지 않아 상당한 손실을 보았다. 그러나 최근에는 오히려 환(換) 헤지(hedge)를 너무 많이 하여 고환율 덕도 보지 못하고 거액의 손실을 경험하고 있다. 반면에 또 다른 H 중공업은 최근 환 헤지를 하지 않아 거액의 추가 이익을 향유하고 있다고 한다.

CASE 3

국내 투자가들은 외국 부동산 리츠 투자의 경우 거의 상당 부분이 환 헤지를 하고 있다. 따라서 불행히도 최근과 같은 고환율의 덕을 보지 못하게 되었다. 주식의 경우 역외펀드를 100%까지 과잉 환 헤지함으로써 주가가 떨어져 기초자산이 반 토막이 난 지금과 같은 상황에서는 KIKO처럼 원금의 2배를 환 헤지를 한 결과가 된다. 그러므로 추가 손실이 발생해 원금이 20%만 겨우 유지된 경우도 있다고 한다.

CASE 4

A 항공사는 경쟁사와는 달리 일부분만 적절히 헤지를 하고 나머지는 현물환으로 결제함으로써 최근의 외환파고를 선방했다는 평가를 받고 있다.

위의 사례를 통해 해외의 부동산이나 펀드에 투자하는 투자가 입장에서 유의해야 할 시사점에 대해 생각해 보겠다.

첫째로, 환 헤지의 대상이 부동산·주식 같은 투자(investment)의 개념인가 또는 무역 거래·외화차입 같은 트레이드(trade)의 개념인가를 먼저 구분해야 한다. 트레이드의 경우는 원가를 미리 확정하는 것이 리스크를 줄일 수 있으므로 일정 부분을 헤지할 필요가 있다. 그러나 투자의 개념은 이미 그 나라 경제와 특정 상품을 사는 것이므로 환 헤지를 하지 않는 것도 괜찮은 전략이다. 국내 주식을 사는 외국인들도 대부분 미리 환 헤지는 하지 않는 것으로 알고 있다.

둘째, 투자금액이나 거래금액의 100%까지 환 헤지를 하는 것은 과잉이다. 투자의 개념(부동산, 주식 투자)의 경우는 원금이 줄어들 가능성이 있어 과잉 환 헤지가 되고 추가 손실이 발생할 수 있다. 다만 외화차입금과 같이 원금이 줄어들지 않는 경우에는 일정 부분 헤지할 수 있으나 아무리 커도 40% 이하로 커버하는 것이 바람직하다. 왜냐하면 선물환 거래를 통한 환 헤지는 기본적으로 제로 섬(zero sum) 게임이므로 100% 헤지는 또 다른 위험성을 내재하고 있음을 유념해야 하기 때문이다.

마지막으로, 환 헤지를 할 때 먼저 나 스스로가 개념을 갖고 기본 전략을 세운 후 거래 금융기관과 상담을 해야 한다. 사실 이러한 외환 헤지 문제는 지금까지는 일반 투자가가 알 필요가 없는 전문가의 영역이었다. 그러나 이제는 외환자유화, 자본자유화가 선진국 수준이 되었고, 국내 투자가도 해외 자산에 투자하는 것이 일반화되었으므로 기본 원칙은 이해를 하고 투자에 임해야 하는 복잡한 세상이 되었다.

불황이 주는 의외의 선물

잘 알려진 이야기지만 여자의 스커트 길이도 일반 경기와 관계가 있다고 한다. 불황일수록 스커트 길이가 짧아진다고 한다. 남자들의 넥타이 색깔도 경기와 무관한 것 같지는 않다. 요즈음 부쩍 빨간색 넥타이를 매는 기업인들이 늘고 있는 것 같다. 아마도 들려오는 모든 뉴스가 다 어렵고 힘들다는 이야기뿐이고 금년 사업계획은 생각만 해도 머리가 아프다보니 넥타이 색깔로라도 스트레스를 해소하는 것이 아닌가 한다.

요즈음 서점가에도 약간의 트렌드 변화의 조짐이 보인다. 최근에는 부동산이고 주식이고 재테크 책이 잘 안 팔리고 새로 출간되는 재테크 관련 책도 별로 없다고 한다. 반면 '행복'에 관한 책이 늘어나고 있다. 예를 들면 《행복의 역사》, 《행복의 재발견》, 《행복한 사람이 성공한다》, 《행복자격증》 등 서점가의 키워드가 재테크에서 행복론으로 바뀌고 있다. 주요 일간지에서도 행복에 관한 기획기사를 일면에 실키도 했다.

미국 뉴욕 세계무역센터의 9.11 대참사 당시 미국인들의 생활태도에 큰 변화가 있었다고 한다. 가족의 소중함을 다시 생각하게 되었고, 직장인들의 귀가시간도 빨라졌다고 한다. 경기가 좋고 모두가 흥청망청일 때는 잠시 잊고 있었던 삶의 기본에 대한 그 가치를 소중하게 생각하게 되는가 보다. 이러한 변화가 경기침체, 불황이 주는 의외의 선물이다. 이 선물을 감사하게 생각하면서 가족의 소중함과 인간 최대의 명제인 행복에 대해 성찰할 좋은 기회이다.

자본주의와 시장경제는 인간의 욕망, 이기심, 탐욕을 품고 발전해 왔다. 이기심과 탐욕이 동기부여가 된 것이다. 그러나 이기심이 너무 지나쳐 환상 속에 빠지게 되고 탐욕이 가득 찰 때 버블이 생기게 되며 종국에는 터지는 사이클을 반복하게 된다.

일반적으로 경기순환은 호경기, 경기후퇴, 불황, 회복 4국면으로 이루어진다. 각각의 국면마다 특징이 있고 인간의 욕망이나 탐욕의 전개과정과도 일치한다고 생각한다. 호황 국면, 물론 좋은 시기이다. 그러나 항상 경기의 피크에서는 하강을 생각해야 되는 큰 부담이 있다. 반면 불황 국면은 견디기는 어렵지만 버티기 작전으로 나간다면 앞으로는 좋아질 일만 남았다고 생각하면서 호황기에 못했던 내실을 다질 수 있는 좋은 기회이기도 하다.

부동산 경기순환은 부동산 시장만의 특징이 있다. 지역적 현상에 그치고 전국적인 현상이 안 될 수도 있으며, 개별적 현상에만 국한되고 모든 종류의 부동산에 적용되는 일반적 현상은 아닐 수도 있다. 또 일반경기와 시차를 두고 후행하는 것이 일반적이나 개별 부동산 간의 성격에 따라 독립적일 수도 있고 선행할 수도 있다. 내가 투자하고 싶은 부동산, 또는 처분하고 싶은 부동산의 성격을 분석하면서 잠시 행복론에 빠져 보는 것도 어려운 시기를 슬기롭게 극복하는 방법이라고 하겠다.

오늘의 추천요리

믿을 만한 식당의 메뉴판에 있는 오늘의 추천요리는 가치가 있다. 계절에 맞게 주방장이 엄선한 재료로 만든 추천요리이기 때문이다. 보통 가격도 그리 비싼 편은 아닌 느낌이다. 그러나 평판이 좋지 않은 식당에서는 재고가 많이 쌓인 재료로 오늘의 추천요리를 만드는 경우가 가끔 있다. 이 경우 손님은 봉이 되어 그 식당의 재고품 처리를 해주는 격이 된다. 이러한 경우가 음식점에서만 경험하는 것이 아니고 상품 구매, 부동산이나 주식 같은 투자의 세계에서도 목격되고 있다.

유행을 타는 옷이나 자동차, 가전제품들에도 비슷한 경우가 종종 생긴다. 어느 특정 제품이 어떤 이유에선가 안 팔려서 재고가 쌓일 경우, 약간의 투자를 더 해 문제를 개선시킨다. 그 후 내부적으로 그 품목을 판매 주력 품목으로 선정해 판매수당도 올려주면서 전 판매 조직이 전력투구하게 만든다.

2008년 가을, 원유 값이 140달러 넘게 폭등해 온 세계를 공포에 떨게 했다. 그 당시 월스트리트 투자은행 중에서도 원유에 많은 투자를 한 것으로 알려진 골드만삭스는 원유 값이 200달러를 넘을 것이라는 보고서를 내어 전 세계에 충격을 주었다. 일부 언론에서는 골드만삭스가 미리 선물 시장에서 원유를 확보해서 그러한 보고서를 쓴 것이 아니냐는 의심을 하기도 했다.

증권회사는 주기적으로 고객들에게 유망주식을 추천한다. 리서치

센터에서 기업을 탐방하기도 하고 나름대로 합리적인 기법을 동원해 기업을 분석한 결과이기도 하다. 그러나 우리 자본 시장이 아직 투명하지 않을 때인 과거 1970~1980년대에는 자체자금으로 미리 매집한 특정 주식을 유망주식으로 추천한 경우가 있기도 했다. 2008년 세계적인 금융위기·경제위기를 촉발한 미국 모기지 대출 금융기관들도 새로운 모기지 대출자를 찾기 어렵자 수입, 직업, 자산도 없는 NINJA(no income, no job, no asset)에게까지 대출을 확대하는 일종의 '폭탄 돌리기 게임'까지 손을 대게 되었다. 아마도 이러한 과정에서 주택 관련 모기지 증권이 오늘의 추천상품 리스트에 등장했었을 지도 모르겠다. 이 경우 내부자는 언제고 폭탄 돌리기가 끝날 것이라는 것을 알고 있었을 것이다.

부동산 시장에도 기획부동산 피해가 가끔 언론에 보도되곤 한다. 대부분 인허가도 받지 않은 토지에 임의로 분필, 구획을 정비해 주로 전화로 가정주부들에게 텔레마케팅을 한다. 이는 엉터리 주방장 추천요리보다 더 큰 피해를 주는 악덕 부동산 사기이다. 과도하게 높은 수익률을 보장하는 광고는 일단 의심해야 한다. 관련 업체가 신뢰할 수 있는 곳인지 다각도로 확인하는 것도 중요하다. 우리가 살고 있는 이 세상은 신의가 꼭 지켜지는 이상향이 아니며 더욱이 투자의 세계에서는 정글의 법칙이 난무하는 세상임을 잊어서는 안 될 것이다.

사랑의 묘약

　무주리조트에 새로 개관된 음악홀에서 영상으로 오페라를 감상했다. 테너 아리아 〈남몰래 흘린 눈물〉로도 유명한 〈오페라 사랑의 묘약〉이었다. 음악 못지않게 스토리도 재미있고 시사하는 바가 있었다. 이탈리아 농촌마을, 청년 네몰리노는 한 마을에 사는 처녀 아디나에게 구애했으나 거절당했다. 낙담한 그는 동네에 들린 사기꾼 약장사에게 싸구려 포도주를 사랑의 묘약으로 알고 사서 마신다. 약효는 하루 후에 나타난다는 조건이 붙었다. 왜냐하면 약장사에게는 도망갈 시간이 필요했기 때문이다. 그러나 아디나가 당일, 그의 연적인 지역수비대장과 결혼을 한다고 하자 다시 낙담한 그는 사기꾼 약장사에게 재차 도움을 청한다. 봉을 만난 사기꾼은 더 비싼 값으로 오늘 안에 약효가 발효되는 사랑의 묘약을 판다. 약값을 위해 무일푼인 그는 군대에 입대하는 조건으로 은화 20개를 받아 지불한다.

　네몰리노를 마음속으로 생각하고 있던 아디나가 그 사실을 알고 감동한다. 약삭빠른 약장사는 아디나에게도 접근해 사랑의 묘약을 팔려고 한다. 이 약을 마시면 백작·후작 같은 지체 높은 사람의 사랑을 독차지할 수 있다고 유혹한다. 그러나 사려 깊은 그녀는 나에게 필요한 것은 네몰리노뿐이라며 거절한다. 결국 약장사는 영리한 처녀라며 포기하고, 두 사람은 드디어 사랑을 갖게 되는 해피엔딩 스토리이다. 이 이야기는 하나의 러브스토리이지만 투자의 세계에도 던지는 메시지가 있다.

첫째, 너무 한쪽에 큰 집념이나 애착을 가질 경우는 판단을 잘못할 확률이 높다. 사랑에 빠진 네몰리노는 눈에 보이는 것이 없었다. 그 결과 약삭빠른 약장사 꼬임에 금방 넘어갔다. 이러한 진실하지만 바보 같은 행동은 사랑을 얻기 위해서는 괜찮은 방법이 될 수도 있다. 그러나 부동산 투자 대상을 선정하는 방법으로는 후회하기 십상이다.

둘째, 약장사도 혀를 차고 만 아디나는 판단력이 훌륭했다. 그녀는 탐욕과 유혹에 말려들지 않았다. 왜냐하면 확고한 생각이 있었기 때문이다. 그녀는 상황에 따라 마음을 바꾸는 좌고우면한 모습을 보이지 않았다. 아무리 지체 높은 신랑감도 네몰리노와는 비교할 수 없다는 부동의 자세를 갖고 있기 때문이다.

부동산 투자의 경우도 마찬가지다. 자기 분수에 맞지 않는 너무 큰 욕심을 낼 경우 엉터리 약장사의 말이 귀에 들어오는 환경을 만든다. 따라서 최근 급등한 부동산 또는 법률적으로 복잡한 부동산을 피한다든지 하는 자기만의 확실한 투자 기준이 있을 때 달콤한 유혹에 넘어가지 않는다.

그러나 다른 한편으로는 상상(imagination)은 해야 한다. 자기가 투자한 부동산에 대한 꿈이 필요하다. 그것이 투자 원동력이 될 뿐 아니라 기쁨을 먼저 주기 때문이다. 다만 너무 지나쳐서 환상(illusion)에 빠질 경우는 값싼 포도주를 사랑의 묘약으로 잘못 선택하게 됨을 유의할 필요가 있다.

프라이빗 뱅크

1980년에 마닐라에서 열린 국제금융세미나에서 '크레딧 리오네'라는 프랑스 국영은행의 간부와 인사를 나누고 받은 명함에서 '프라이빗 뱅크(private bank)'라는 용어를 처음 접했다. 필자는 그에게 무엇을 하는 부서이냐고 질문을 했다. 그는 부자고객을 상대로 예금 유치 또는 투자 상담을 해주는 부서라고 설명했다. 이어서 자기는 홍콩에 주재하고 있는데 동남아 다른 나라들과는 달리 한국에는 아직 고객이 없다고 불평했다. 이는 그 당시 우리나라의 외환관리가 매우 엄격했고 동남아 다른 나라들에 비해 부패지수 규모가 작았던 이유라고 추측된다.

IMF 사태 이후에 우리나라에도 하나은행에 처음으로 프라이빗 뱅킹(private banking)이 도입되었다. 이제는 저축의 시대에서 투자의 시대로 전환되고 있다고 마케팅하면서 모든 시중 은행이 경쟁적으로 프라이빗 뱅크를 운영을 하고 있다. 한 지점당 수익성을 따질 때 가장 수익성이 높은 영업점이 프라이빗 뱅킹을 전문으로 하는 영업점이라고 한다.

우리나라 부동산에 투자하고자 하는 외국인 투자가들의 고민은 우리 부동산 시장에서 거래되고 있는 투자등급 부동산(investment grade property)이 적다는 점이다. 대형 오피스빌딩들은 대기업에서 자체 사옥으로 사용하고 있고, 또 기본 개념이 보유에 더 큰 의의를 두고 있으므로 좀처럼 시장에 나오지 않는다. 이러한 다소 경직된

상업용 부동산 시장에 부동산펀드, 리츠 등과 같은 상품으로 거래를 활성화하기 위해서는 프라이빗 뱅커(private banker)들의 역할이 점점 중요시되고 있다. 그들은 증권화한 부동산을 일반 대중에게 파는 중요한 역할을 하고 있다. 그러나 투자가 입장에서 그들이 얼마만큼 효율적인지에 대해서는 생각해 볼 여지가 있다.

워런 버핏은 롤스로이스를 타는 부자가 지하철로 출퇴근하는 사람에게 투자 조언을 구하는 곳은 월스트리트 밖에 없다고 다소 시니컬하게 언급했다. 또한 그는 "그들의 투자 자문이 가치 있는 것이라면 정작 본인은 왜 부자가 못되었을까?"하고 반문하기도 했다.

현재 우리의 프라이빗 뱅크제도에서 PB(Private Banker)들은 위탁받은 리츠나 펀드 등 상품을 고객에게 넘기는 것으로 그들의 컨설팅이 끝나며 그 실적에 따라 내부 평가를 받고 있다. 과연 그들이 고객의 자산가치 증가에 얼마나 기여했는지는 가늠하기 어렵다. 늦은 감이 있지만 최근에 한국투자증권에서 국내 최초로 PB들의 성공보수제도를 도입한다고 한다. 이는 지켜보아야 할 개선이라고 생각한다. 외국 금융회사들은 고객에게 직접 만족도를 설문조사까지 하고 있다. 우리 금융회사들도 정기적으로 고객에게 직접 만족도를 조사해 내부 평가에 사용한다면 프라이빗 뱅크가 더 발전하는 데 도움이 될 것이다.

좋은 건물, 주택을 위한 조언

식당이나 카페같이 많은 사람이 이용하는 공간
은 눈을 즐겁게 하는 인테리어만으로는 부족하
다. 소음(騷音)도 흡수하는 흡음(吸音)재료를 많
이 사용해 귀도 평안하게 하는 건축물이 되어
야 한다.

좋은 집 선택을 위한 조언

우리나라 주택의 질이 매우 좋아졌다. 특히 인테리어는 유럽의 패션이 즉시 도입되고 있고, 관련 건축자재산업도 세계적인 수준에 도달했다. 그럼에도 첫 입주가 시작되는 아파트단지는 난장판이다. 멀쩡한 벽지나 내장재를 뜯어내고 다시 시공하고 있다. 단지 내에는 깨진 타일, 실크 벽지, 나무토막 등이 곳곳에 널려있다. 반면에 많은 비용을 투자한 잔디, 나무 등 조경시설, 주민광장 같은 공용 부분에는 무관심하다. 단지 전체의 분위기를 살리는 실개천을 관리비 절약을 이유로 가동을 중단하는 경우가 대부분이다.

우리의 일상생활에 가장 중요한 의식주 중 하나이고 개인 재산에서 가장 큰 부분을 차지하고 있는 주택을 고르는 데는 위에서 언급한 잘못된 관행을 벗어나 여러 측면에서 신중히 고려할 필요가 있어 몇 가지 조언을 하고자 한다.

첫째로 우리는 외국에 비해 대체로 쾌적성보다 편리성에 더 점수를 높게 주고 있다. 그러나 향후 소득이 올라감에 따라 점차 쾌적성이 더 우세한 쪽으로 바뀔 것이다. 앞으로는 접근성이 조금 불편해도 용적률이 낮고, 천정고가 높은 전망 좋은 아파트가 선호될 것이다.

둘째로 인테리어 못지않게 익스테리어(exterior)가 중요시될 것이다. 인테리어는 소모성이며 시간이 갈수록 감가상각이 되나 단지 내 조경·공용시설·단지의 배치 등은 시간이 갈수록 가치가 높아지고 감가증액이 된다.

셋째로 주택은 개인 자산 중 가장 큰 부분을 차지하는 투자이므로 재매도 가격, 즉 시세차익(capital gain)을 마음속으로는 생각하지 않을 수 없다. 부동산 투자에 있어 단기적 시세차익은 매우 리스크가 크다. 최소 5년 내지 10년을 내다보고 그 지역의 모습을 상상할 필요가 있다. 오랜 기간 동안의 쇠퇴기를 거쳐 재개발·재건축으로 다시 성장기에 돌입할 가능성이 있는 단지, 또한 도시개발이 이제 막 시작되고 있는 지역으로 길가에 심은 가로수의 연령이 매우 낮은 지역이 투자가치가 높을 것이다.

넷째로는 같은 수준의 주택이라면 값이 약간 비싼 쪽을 선택하는 것이 좋다. 장기적으로는 큰 차이를 낼 수도 있고 원할 때 쉽게 되팔 수 있어 환금성이 좋기 때문이다.

다섯째로는 좋은 이웃을 가질 수 있는 단지인가도 매우 중요한 요소이다. 아무리 비싼 주택에 산다고 해도 좋지 않은 이웃을 갖는다거나 또는 그 단지의 커뮤니티의 주류와 어울릴 수 없다면 결코 그 사람에게는 좋은 단지가 될 수 없다. 피해야 할 곳은 벼락부자들이 사는 동네, 어느 특정 조직의 직원들이 주로 모여 사는 동네 등이다.

마지막으로 아파트·주택도 크게 보면 하나의 상품이다. 어느 상품이든 라이프사이클이 있고 그 시대를 이끌어가는 정서, 감성에 따라 유행도 변하기 마련이다. 예를 들면 도시형 생활주택, 보금자리주택, 도심 내 빌라, 소형 아파트, 한옥 중에서 선택할 때 제일 먼저 어느 것이 내 입장과 적합한가를 생각해야 할 것이다. 그 다음은 어느 상품이 주택 시장에서 유행을 타고 있고 또 그러한 유행이 얼마나 지속될 것인가 하는 점도 고민해야 한다.

좋은 건축물을 위한 조언

대도시에 사는 우리의 하루는 아파트 또는 단독주택에서 일어나 오피스, 상가 등 온갖 건축물이 집중되어 있는 도심에서 일하다가 저녁에는 각종 모임으로 레스토랑이나 카페에서 식사와 대화를 즐긴다. 하루 종일 건물 속에서 잠자고, 일하고, 먹고, 또 건물을 바라보면서 살고 있는 셈이다.

그러므로 이러한 건축물들이 미관적으로도 아름답고, 환경적으로도 쾌적해야 하는 것이 우리 삶에 매우 중요한 요소가 안 될 수 없다. 조금만 관심을 갖는다면 손쉽게 개선할 수 있는 몇 가지에 대해 생각해 보겠다.

첫째로 도시미관을 해치는 건물 외벽의 눈물 자국이다. 중소형 건물에서 주로 볼 수 있는데 강남의 비싼 건물에도 눈에 띈다. 비가 자주 오고 황사 등으로 빗물이 깨끗하지 못해서 더러운 땟자국같이 보인다. 특히 외관이 알루미늄이나 돌인 경우는 더 보기 싫다. 외벽 물청소를 자주한다고 해서 해결되는 것도 아니다. 그러나 해결책은 간단하다. 빗물의 흐름만 바꿔주면 된다. 건축물 탑(top)의 벽체 평면의 각도를 건물 내부 쪽이 약간 낮게 만들어 빗물이 건물 외부가 아닌 내부로 흐르도록 하면 손쉽게 막을 수 있다.

둘째로는 우리가 사는 도시의 건축물은 너무나 시멘트와 돌로만 지어졌다. 요즈음 멋을 내는 건물은 유리나 알루미늄판으로 변화를 주기도 하는데 목재도 적절히 사용하는 것이 바람직할 것이다. 목재를 외벽 치장, 계단, 출입구 주변의 데크 등에 사용하면 분위기가 매우 부드러워지고 자연친화적이 될 것이다. 목재가 시멘트나 벽돌에 비해 내구연한이 짧다고 생각하기 쉽다. 실제로 방수 처리된 목재의 물리적 내용연수는 시멘트나 돌보다 짧지만 경제적 내용연수는 거의 같으며 좀 낡고 오래되어도 크게 거부감이 없고, 오히려 친근감이 가는 소재이기도 하다

셋째로는 실내 소음 문제다. 산행 길, 공원에서도 우리나라 사람들은 시끄럽다. 특히 좁은 공간인 음식점에서도 마찬가지다. 외국의 레스토랑에서도 시끄러운 테이블에는 어김없이 한국 사람들이 앉아있다. 강남의 고급 식당도 인테리어는 멋있지만 소음에 대해서는 전혀 배려를 하지 않아 옆 테이블에서 떠드는 소리가 공명이 되어 조용한 대화를 나눌 수가 없는 경우가 가끔 있다. 최근 강북 중심가에 새로 단장한 특급 호텔인 P 호텔, C 호텔의 일식당도 마찬가지다. 공명이 되고 시끄러워서 홀에서는 식사를 제대로 할 수가 없다.

이러한 문제가 발생하는 이유는 내부치장에 주로 사용된 석고보드, 타일, 유리, 베니어판들은 소리를 흡수하는 흡음률(吸音率)이 매우 낮은 건축재료이기 때문이다.

반면에 원목나무, 크로스 카펫은 흡음률이 높다. 특히 아트보드 같은 다공성흡음재는 흡음률이 매우 높다. 식당이나 카페같이 많은 사람이 이용하는 공간은 눈을 즐겁게 하는 인테리어만으로는 부족하다. 소음도 흡수하는 흡음재료를 많이 사용하면 귀도 평안하게 해주는 좋은 건축물이 될 것이다.

이와 같은 조언은 건축전문가들에게는 상식으로 통하는 정보이다.

그러나 이러한 문제점이 좀처럼 개선되지 않고 있다. 전문가들만 알고 있어서는 소용이 없다. 일반 건축주나 오피스, 식당, 공연장 등을 이용하고 있는 고객들에게도 이러한 정보가 전파되어 그들이 인지하고 있어야 더 빨리 개선될 수 있다고 생각한다.

파격의 한계

인도 뭄바이의 오베리 호텔 로비의 풍경을 소개하겠다. 벽에는 낙타 떼를 묘사한 대형 태피스트리가 걸려있고 소파에 앉아 있는 터번을 쓴 신사는 반달모양으로 콧수염을 기르고 흰 양복 포켓에 빨간색 행커치프를 꽂고 있었다. 흰 구두, 볼록 나온 아랫배, 금도금 회중시계줄도 반짝거린다. 만약 그가 서울 호텔에 그러한 차림으로 나타난다면 많은 사람의 구경거리가 될 것이다.

예술과 감성의 시대가 다가오면서 최근에는 미술작품에 대한 관심도가 높아지고 있다. 특히 산업 및 건축물, 주택 등 부동산 시장에도 디자인의 중요성이 크게 부각되고 있다. 부동산 개발에 있어 디자인 하면 단골로 나오는 메뉴가 있다. 두바이의 칠성급 호텔 그리고 두바이 국영 회사에서 기획 중인 꽈배기처럼 꼬인 촛대 빌딩이다. 국내 신문·방송·잡지 등 각종 매체에서도 다투어 그 파격적인 디자인을 창조적이고 예술적인 것으로 극찬을 하고 있다.

상해에도 파격적인 고층 빌딩이 즐비하다. 좌우 균형은 물론이고 상하의 균형도 안 맞아 구조적으로 문제가 있지 않을까 걱정할 정도의 비균형적이고 파격적인 건물이 눈에 띈다. 대부분 서구 건축가들의 작품들이라 마치 건축가들의 실험실 같은 도시가 되었다.

그러나 막상 뉴욕·런던·파리 등 서구식 건축문화를 탄생시켰고 주도하는 그들의 본토에는 그리 괴상하고 비상식적인 건물은 찾아보기 어렵다. 최근 런던의 스카이라인을 바꾼 달걀 모양의 건물도 파격적이지만 주위 환경과 어울리면서 건축미를 풍기는 건물이다. 보는 사람들을 불안하게 만들지는 않는다. 뉴욕의 센트럴파크 옆의 트럼프 타워는 물론이고 그 이후에 계속 건축된 트럼프 주상복합 빌딩은 트럼프 회장이 풍기는 이미지와는 달리 오히려 좀 보수적인 분위기다. 아마도 이는 주위 건물들과의 어울림을 더 고려했을 것이다. 9·11의 상징인 그라운드제로(Ground Zero)에 들어설 자유센터도 파격적이지만 그리 이상한 모양은 하고 있지 않다.

휴대폰·카메라·자동차 같은 상품의 디자인과 주택·오피스빌딩의 디자인과는 다른 점이 있다. 상품의 라이프사이클이 다르다. 3년 또는 5년인 상품과 100년을 넘겨야 하는 빌딩과는 기본적으로 다른 접근방법을 택해야 한다. 외관보다 기능을 위주로 한 설계에서는 과감히 탈피해 내부에서 생활하는 사람뿐 아니라 밖에서 보는 사람도 고려한 디자인요소가 들어간 건물을 지어야겠지만 파격적인 디자인이라 해도 한계가 있다. 몇 년 지나면 싫증이 나는 단기성 유행은 피해야 할 것이다. 우리에게 맞는 스토리를 갖고 그럴듯한 메시지를 주는 품격 있게 디자인된 건물이어야 할 것이다.

목재마루가 좋다

　1999년도에 아파트 분양가가 자율화된 이후 아파트 인테리어가 비약적으로 발전되었다. 매년 관련 업계에서는 이탈리아 밀라노, 독일 등에서 열리는 관련 쇼에 인테리어 설계팀을 보내 최신 트렌드는 물론이고 세세한 사항까지 공부를 시키고 있다. 아마 우리나라 업계가 일본보다도 더 신속하고 과감히 새로운 유행과 흐름을 도입하고 있을 것이다.

　한편으로는 이러한 변화를 우리 상황에 맞게 접목해 우리만의 아파트문화를 창조해 왔다. 그러나 대리석만은 너무나도 지나치게 외국 취향을 그대로 우리 주거문화에 도입시키고 있다. 대리석으로 바닥을 치장하는 것이 고급 아파트의 기본인 것처럼 되어 있고, 바닥뿐 아니라 벽면에도 많이 이용하고 있다.

　보기에 따라서는 대리석이 다소 웅장하고 고급스럽게 보이는 것도 사실이다. 그러나 그 기능면에서는 대리석의 최대 산지인 이탈리아같이 여름이 길고 건조한 지중해성 기후에 적합한 건축재료다. 대리석은 찬 공기를 흡수해 이를 머금고 있는 속성이 있다고 한다. 로마 사람들은 이러한 대리석의 속성을 이용해 아침에 문을 열어 대리석 바닥이나 벽에 아침의 찬 공기를 흡수시키고 덧문을 닫아 무더운 한낮에는 집안이 서늘한 느낌이 들도록 한다고 한다. 외부와 상당한 온도 차이를 유지시킨다고 하니 그 효과가 탁월하다 하겠다. 따라서 바닥재로는 거의 대리석을 사용하고 예외적으로 열을 많이 쓰는 부엌에만 타일을 쓴다고 한다.

그러나 우리나라처럼 겨울이 길고 여름이 습한 기후조건에서는 대리석은 적합한 선택이 아니다. 우리에게는 목재마루가 더 어울리고 편리하다. 안전 면을 생각해 봐도 어린아이와 노인들에게는 대리석 바닥은 목재마루만 못하다. 이와 같은 이유로 대리석이 고급 아파트의 특징으로 일반화되어 가고 있는 점에 대해 찬성하지 않는 건축 전문가들이 많다.

주택업계에서는 고객이 대리석을 선호함으로 이를 외면할 수는 없겠으나 우리의 생활환경에 맞는 아파트 주거문화를 창조해 나가는 데도 관심을 가져야 한다. 고객에게 대리석과 목재마루에 대한 충분한 정보를 제공한 후 고객으로 하여금 선택하도록 배려해야 할 것이다.

목재로 **건물**과 **보도**를 지어보자

건축을 하기 위해서는 철근, 시멘트, 유리, 목재, 알루미늄 등 각종 자재가 투입된다. 각각의 건축자재 나름대로 내구성, 열효율, 미관, 시공성, 가격 등 특성이 있다. 그중 가장 중요한 것이 내구성과 미관, 가격이 아닌가 한다. 튼튼하고 보기 좋은 건물을 적정한 값으로 건축하는 것이 건축주의 최대 목표이기 때문이다.

내구성은 물리적 내구성과 경제적 내구성으로 구분할 수 있다. 물리적 내구성은 해당 건축자재의 소재의 특성으로 인한 물리적 수명을 말하며, 경제적 내구성은 미관, 유행, 사용자의 심리 등 건축물을 소유하는 주체 즉, 사람의 주관적인 면이 다소 개입되었다고 하겠다. 댐, 터널 같은 구축물은 물리적 내구연한(耐久年限)만으로 충분하겠지만 주택, 오피스빌딩, 공공건물 같은 건축물에는 경제적 내구연한도 동시에 고려할 필요가 있다.

예를 들면 건물 외벽이나 바닥재료로 많이 이용되는 화강석의 물리적 내구연한은 30년 이상 반영구적이나 경제적 내구연한은 이보다 짧다고 생각하는 것이 통설이다. 반면에 친환경적이고 건강에도 유익한 천연 방부목의 경우 물리적 내구연한이 약 20년이며, 경제적 내구연한도 목재는 실증이 덜나고 친자연적이라는 장점이 고려되어 물리적 내구연한과 동일하게 20년으로 평가되고 있다.

우리가 사는 도시는 주로 돌과 시멘트로만 지어져서 삭막한 느낌이다. 친환경적인 목재도 적절히 사용해야 멋있는 건물이 되고 도시가 된다. 요즈음 반가운 트렌드가 나타나고 있다. 목재에 대한 인식이 점차 바뀌어가고 있어 아파트단지 조경이나 공용시설뿐 아니라 건물 외벽 등에도 목재 사용 빈도가 점점 늘어나고 있다. 파주 출판단지 내의 웅진씽크빅 사옥은 목재를 건물 내부는 물론 외부에도 과감히 사용했고, 강남 양재천 뚝방 옆 '걷고 싶은 길'의 경우는 보도를 아예 보도블록 대신 목재를 사용했다. 또한 최근에 한강 개발로 만들어진 목재로 만든 자전거길도 일품이다.

앞으로 건축자재 선택에 있어 경제적 내구연한이라는 개념을 적극적으로 사용하게 되면 시멘트나 돌 대신 친환경적이면서도 실질적인 내구연한은 비슷한 목재를 사용하는 빈도가 높아질 것이다.

지하공간을 업그레이드시키자

수도권 개발 및 주택문제 해결을 위해 지금까지 수도권에 신도시 개발을 해 왔다. 이미 개발이 성공적으로 완료된 분당·일산 등이 1기 신도시이고, 2기 및 3기 신도시로는 판교·동탄·김포·위례 등이 있다. 그러나 이제는 신도시 개발이 가져다주는 주택난 해결 같은 개발효과보다는 교통문제, 환경문제 등 역기능이 부각되고 있다. 점점 런던, 도쿄 같은 외국 대도시의 사례처럼 기존 도심을 재개발하고 압축도시(compact city)화하는 것이 효율적이라는 주장이 더 설득력을 얻고 있다.

본격적인 도심 재개발에 선행해 꼭 개선해야 할 점이 있다. 다름 아닌 지하공간의 효율적 이용과 환경 개선 문제이다. 먼저 외국의 지하공간 이용 사례를 보면 도쿄나 홍콩의 경우 건물과 건물 간의 지하공간이 공동 개발되어 효율적으로 이용되고 있다. 지하철 출입구도 호텔, 쇼핑센터, 오피스빌딩 같은 역 주위의 독립된 건물들과 연결이 잘 되어있다. 캐나다 토론토의 중심상업지구도 강남의 테헤란로 같은 스트리트 전체가 지하로 서로 연결되어 도심의 상권이 형성이 되어있고 날씨에 구애받지 않고 다른 건물로 이동할 수 있도록 지하공간이 효율적으로 이용되고 있다. 반면 우리의 경우 다음과 같은 적지 않은 제약이 있어 지하공간 개발이 효율적이지 못하다.

첫째로 건축법상 개별 건물 간의 지하공간에는 연결통로와 복도만 설치 가능하다. 또 그 크기도 제한하고 있고, 지자체의 건축심의 과정에서도 지하공간 개발을 소극적으로 해석하고 있다. 예를 들면 강남 역삼동의 대지가 서로 붙어 있는 대형 건물인 GS타워와 SI타워는 각자가 나름대로 지하공간을 상가, 음식점 등으로 개발했으나 두 건물을 서로 연결하는 통로조차 없다. 만약 공동 개발을 했다면 훨씬 효율적이고 경쟁력 있는 상권이 되었을 것이다.

둘째로 지하철, 지하보도와 바로 옆 건물과의 연결도 활성화되지 않고 있다. 그 이유는 지하철공사에 광고기회 상실에 따른 손실보상금, 기술지원비 등 과중한 부담금을 지불해야 하기 때문이다. 강남의 A 호텔같이 과중한 부담금으로 지하철역과 연결을 포기한 예도 있다. 또한 지하공간의 공기 질(質)도 외국에 비해 뒤떨어지고 있다. 더 많은 시설투자가 필요한 부분이다.

앞으로 다가올 본격적인 도심 재개발 시대에 발맞추어 지하공간의 효율적 개발을 위한 제도를 만들 때가 되었다. 적극적인 지하공간의 공동 개발 그리고 환경 개선을 촉진하는 특별법 제정도 전향적으로 검토할 시점이 되었다고 생각한다.

발코니 확장과 안전불감증

　말이 많았던 발코니 확장 문제가 적법한 것으로 결론이 났다. 업계의 끈질긴 요청과 관계 당국의 전향적(前向的)인 사고로 아파트에 거주하는 모든 국민에게 큰 선물을 준 셈이다. 그러나 거기에는 한 가지 조건이 있었다. 유사시 안전을 고려해 일정 면적의 방화구획(防火區劃)을 설치해야 하는 것이다. 문제는 방화구획 설치의 품질 문제이다. 최근 준공된 A 지구의 B 아파트 경우를 보면 약 70% 정도가 방화구획에 규정대로 방화유리를 사용하지 않았고 고층 아파트의 경우에도 확장된 발코니 천정에 방화 규정대로 스프링클러를 설치하지 않는 등 안전에 문제가 있는 것으로 조사되었다. 참으로 안타까운 일이다.

　발코니 확장은 시공사가 직접 시공하기도 하고 입주자가 직접 다른 업체를 지정하기도 한다. 제대로 시공한 경우와 위에 언급한 부실공사와의 공사비 차이가 전체 공사비에 약 40% 정도라고 한다.

　안전의식에 관한 한 우리나라는 아직 후진국 수준을 못 벗어나고 있다. 일례를 들면 뉴욕 세계무역센터의 9·11 사태 때 어느 외국 금융회사에서 일어난 일이다. 아침 회의 때 갑자기 전등이 꺼지고 비상벨이 울리자 모든 미국인 간부들은 즉시 그 자리에서 비상구로 달려갔다. 그러나 한국인 간부 2명은 약속이나 한 듯이 자기 책상으로 돌아가서 귀중품을 챙기고서야 비상구로 탈출을 했다고 한다. 이는 우리들이 평소 갖고 있는 비상사태에 대응하는 태도가 선진국에 비해 큰 차이가 있음을 보여주고 있다.

생각하기에 따라 큰 금액 차일지 모르나 유사시 사랑하는 가족의 생사가 달린 투자임을 생각하고 제대로 된 방화구획을 설치해야 한다. 절대로 일회성으로 소비되는 비용이 아니다. 관련 시공사에서도 고객에게 좀 더 적극적이고 자세하게 안내해 모든 세대가 규정에 따른 안전한 방화구획을 갖추도록 홍보하고 권유해야 한다.

다시 한 번 강조하지만, 고층 아파트에 있어 제대로 된 방화구획에 대한 지출은 유사시 가족의 건강과 행복을 담보하는 가치 있는 투자다. 절대로 아껴야 하는 비용이 아니다.

리빙룸, 변화가 필요하다

모 일간지에서 출판업계와 제휴해 서재 만들기 캠페인을 진행한 바 있다. 매우 시의 적절한 문화 운동이다. 아파트 같은 공동주택이든 단독주택이든 주거공간에 가장 핵심이 되는 리빙룸(응접실)을 서재로 바꾸자는 발상은 매우 참신하고 파격적인 아이디어다. 리빙룸은 외부 손님 접객실 역할을 하며 가족이 오붓이 모여 여유시간을 공동으로 즐기는 공간이다. 이러한 리빙룸의 기능이 시대의 흐름에 따라 서서히 변해가고 있다.

필자의 경우 20여 년 전만 해도 생일 또는 특별한 날이면 회사 동료나 친구들을 집에 초청하기도 했다. 가끔 늦은 저녁에 예고 없는 방문을 해 상대방 부인을 바쁘게 하는 일도 있었다. 그러나 요즈음은 서로 간에 자기 집에 손님을 초청하는 경우가 드물어 졌다. 또한, 인터넷이 각 가정의 방 단위까지 도입됨에 따라 응접실에서 온 가족이 같이 TV를 시청하는 기회도 점점 줄어들고 있다. 우리 사회가 고도화된 산업사회를 거쳐 정보사회로 급격히 전환되면서 리빙룸의 기능이 점차 퇴색돼 가고 있는 것이다. 이러한 상황에 맞추어 리빙룸도 변화되어야겠다.

리빙룸의 서재화 운동에 한 가지를 더 추가하고자 한다. 다름 아니라 리빙룸의 스포츠센터화이다. 트레드밀이나 운동용 자전거 등을 서재화된 리빙룸에 같이 설치해 온가족을 위한 자그마한 스포츠 존(zone)으로 겸용하면 좋을 것이다. 가족끼리 책도 보고 운동도 같이 할 수 있는 유용한 공간이 될 것이다. 도심지에 있는 스포츠센터처럼 차를 주차시킬 필요도 없고 로커룸을 이용할 필요도 없는 등 시간과 경제적인 면에서 큰 차이가 있을 것이다.

표준을 만들거나 바꾼다는 것은 매우 모험적이고 파격적인 일이다. 그러나 성공하면 그 대가는 매우 보람 있다. 주택업계에서도 이 참에 새로운 표준이 되는 평면 개발을 할 필요가 있다. 단순히 거실의 인테리어만 바꾸는 것이 아니고 거실의 위치, 크기까지 손을 대는 획기적인 평면 개발이 필요하다. 예를 들면, 평면상 전면 부분에 거실 대신에 부엌이나 식당을 위치시키고, 뒷면에 서재와 스포츠 존을 배치시키는 등 다양한 방법이 있을 수 있다. 북카페뿐 아니라 스포츠센터도 겸용되는 평면 개발을 기대한다.

고궁 담장 리모델링

서울의 1인당 공원 면적은 16㎡로, 세계 주요 도시(파리 18㎡, 고베 17㎡)에 비해 크게 떨어지는 것은 아니지만, 북한산 국립공원 같은 자연공원이 포함되어 있는 면적이다. 때문에 도심에는 일반 시민이 쉽게 접근해 휴식을 취할 수 있는 공원의 면적이 매우 좁다. 외국의 주요 도시들과는 비교도 할 수 없을 만큼 좁을 것이다. 왜냐하면 도심에 있는 공원하면 머릿속에 금방 떠오르는 공원이 고작해야 파고다공원, 도산공원 정도이기 때문이다. 그나마 도심에 위치한 경복궁, 창덕궁, 덕수궁이 도시의 허파 역할을 하고 있지만 높은 담장에 갇혀있다.

근세 역사의 소용돌이 속에서 그간 고궁을 그대로 보전해 온 것은 매우 자랑스러운 일이다. 고궁의 담도 변함없이 그대로 보전해 온 데는 충분한 이유가 있다. 담장도 문화재임으로 그대로 보전해야 하고 더불어 왕궁의 시설 및 거주하는 사람도 보호하기 위함일 것이다. 그러나 일본·영국과 달리 더 이상 우리의 고궁에는 왕이 거주하지 않는다. 따라서 고궁의 모습을 조금만 더 외부에 개방하는 게 어떤가 한다.

고궁의 담도 귀중한 문화재이다. 하지만 그보다 더 아름답고 멋있는 고궁의 모습을 시민들에게 선물하고 외국 관광객들에게 보여주기 위해서는 담장을 리모델링할 필요가 있다. 전부 헐자는 것이 아니다. 중요 문화재인 게이트들은 그대로 보전하고 시민의 가시권에

쉽게 들어오는 부분만 선택해 약 3분의 2정도를 모양 있게 리모델링하는 방법이다. 헐어내는 부분에는 두터운 돌담 대신 유리로 만든 투명한 담으로 바꾸면 어떨까한다. 도심을 걸으면서 고궁의 그 아름답고 부드러운 곡선을 감상할 수 있다면 상상만 해도 즐거운 일이다. 청계천 개발이나 현재 서울시에서 계획하고 있는 어느 프로젝트 못지않게 서울시민은 물론 전 국민들에게 큰 선물이 될 것이다. 이를 통해 600년 고도인 서울과 발전하는 신도시 서울이 병존하는 모습을 가시적으로 볼 수 있게 될 것이다.

쉬운 일이 아니다. 청계천 개발이나 광화문 공원화 계획같이 하나의 어젠다로 정해 추진해야만 될 것이다. 서울시 당국 특히 문화재청의 전향적인 사고가 제일 중요하다고 생각한다.

부동산의 효율적 관리

해외여행을 마치고 인천공항이나 김포공항에서 내려 올림픽도로를 달릴 때면 서울도 이제는 많이 발전해 선진국 어느 도시 못지않다는 느낌이 든다. 그러나 조금만 더 주의 깊게 창밖을 내다보면 아직은 한숨이 절로 나온다. 바로 도로변 녹지대 관리 상태 때문이다. 잔디를 심었지만 잡초가 우거져있고, 비닐봉지, 찌그러진 타이어캡 등 쓰레기들이 널려있다.

아파트단지도 마찬가지다. 비싼 돈을 투자한 단지 내 조경시설의 관리는 엉망이다. 특히, 많은 돈이 투자된 실개천은 관리비를 절약한다는 목적으로 거의 운용이 안 되고 있다. 강남, 용산의 고급 아파트단지도 마찬가지다. 실개천은 운용이 안 되면 오히려 흉물이 된다. 잔디나 조경된 나무의 관리도 그저 마지못해 손보고 있는 정도지 정성을 들여 내 집 마당에 있는 나무나 잔디같이 관리하고 있는 것 같지 않다. 모두가 공유재산(共有財産)에 대해서는 잘못된 운용이나 관리에 관대한 것 같다.

다리, 터널 같은 공공시설의 안전 관리는 성수대교 참사 이후 시스템이 새로이 만들어졌고 관련 관리비도 적절히 지출되어 많이 향상되었다. 그러나 도시미관에 관련된 시설이나 조경 관리는 아직 수준 이하이다. 민간 부분의 경우 프라임급 대형 건물들은 2000년경부터 FM(Facility Management)을 외부 전문용역회사에 외주를 주는 것이 일반화되었다. 소요관리비도 임차인에게 전가할 수 있으므로 적절한 예산으로 집행할 수 있게 되어 수준급으로 관리되고 있다. 그러나 주로 자체관리를 하고 있는 중소형 건물들은 대부분 청소, 보안, 시설 관리들이 열악하다.

부동산의 가치 평가에는 내부의 고급스러운 인테리어 못지않게 외부 익스테리어(exterior)도 매우 중요하다. 내부 인테리어는 시간이 흐를수록 감가상각되나, 단지 내 공원, 수목 같은 외부 익스테리어는 감가증액되는 특징이 있기 때문이다. 나무 한 그루를 잘 관리해 그 동네의 랜드마크로 키우는 것도 매우 보람된 일이다. 예를 들면 감나무집, 은행나무집으로 불려지는 주택은 그 나무 한 그루의 덕을 톡톡히 보는 셈이기 때문이다. 관리비 절약도 좋지만 이미 해놓은 시설에 대한 운용은 정상적으로 해야만 내가 가지고 있는 부동산 가치가 훼손되지 않는다는 점을 고려해야 한다.

사람이 인공적으로 만든 시설은 산과 들판의 나무나 꽃과 달리 관리하지 않으면 추해진다. 오히려 처음부터 만들지 않은 것만 못하게 된다. 물론 관리비는 절약해야 되지만 내가 가진 부동산의 가치를 올리는 기초적인 투자라고 생각을 바꾸면 절약만이 능사가 아니고 적절히 사용되어야 한다. 시설 관리에 대한 관리비 예산을 적절히 올려서 아파트단지의 실개천도 돌리고, 잔디도 자주 깎아주고, 이미 만들어진 야간 조명도 효율적으로 사용한다면 보기에도 좋고 환경이 쾌적해지며 부동산가치도 관리비 증액에 투자한 금액 이상으로 올라갈 것이다.

부동산 가꾸기

아파트는 단독주택과 달리 대문 주변에 땅 한 평 없는 주거형태이다. 그러함에도 아파트 현관문 앞 코너의 좁은 공간에 한 뼘 정원을 만들어 갖가지 꽃으로 장식한 세대가 간혹 눈에 띈다. 그 집 주부나 주인의 격(格)이 올라가고 다시 보인다. 또 풍수 면에서도 집안에 복을 부르는 화단이다.

서울 건물들의 옥상이 매우 깨끗해졌다. 20~30년 전만 해도 건물 옥상의 관리 상태는 폐자재를 쌓아놓는 등 엉망이었다. 그러나 언젠가부터 점점 깨끗해지기 시작했고 최근에는 서울시에서 보조금까지 주면서 장려한 결과 한 단계 더 발전해 옥상이 작은 정원으로 바뀌고 있다. 관심을 갖고 가꾸면 언젠가는 좋아진다는 평범한 진리의 좋은 사례이다.

부동산과 미술품이 만나면 부동산 가치가 업그레이드된다. 실내나 로비를 장식한 한 폭의 그림이나 사진, 조각들마다 품고 있는 향기와 품격은 주위 공간을 아름답게 만든다. 일생 동안 센 강 유역을 떠나지 않으면서 수많은 수련을 그린 인상주의 화가 클로드 모네의 작품은 실제 수련보다 더 감동을 주는 그림이다. 예를 하나 더 든다면, 특유의 밝은 색조와 점묘화로 일생 동안 수많은 농원을 그린 이대원 화백의 그림도 실제 여느 과수원이나 농촌마을 정경보다 더 정겹게 보이는 그림이다. 이는 작가의 눈을 통해 미적 크리에이티브(creative)가 창조되었기 때문이다.

그러나 현실적으로 유명 작가의 미술품으로 주택의 응접실이나 빌딩의 로비를 장식한다는 것은 쉬운 일이 아니다. 그 값이 너무나 비싸기 때문이다. 따라서 차선책으로 꽃나무나 화초를 놓는 것도 미술품을 대체할 수 있는 방법이 된다. 꽃이나 화초는 실내뿐 아니라 옥외에 전시하는 것도 가능하므로 부동산과 어울리는 접점은 미술품보다 더 넓다. 작은 화단을 만들어 계절에 따라 좋아하는 화초를 심을 수 있고 또 나무 박스로 작은 화단을 만들 수 있다. 그리 큰 비용이 드는 것도 아니며 조금의 마음의 여유만 있으면 가능한 일이다. 양재동 꽃시장에 가면 다른 물가에 비해 싸다고도 느낄 수 있는 가격으로 각종 화초, 허브, 꽃나무를 손쉽게 구입할 수 있다.

또 시각을 바꾸면 아름다운 한 폭의 꽃도 자연이 창조한 위대한 예술작품이다. 그 색이며 자태가 인공으로는 도저히 만들 수 없는 것이어서 아무리 정교하게 조화를 만들어도 생화를 따라갈 수 없고 금방 그 차이를 느낄 수 있다. 집 앞에 작은 화단을 만들어 자연이 만든 위대한 예술작품인 화초를 심으면 마음도 부드러워지고 행복해지며 덤으로 그 동네 부동산 값에도 긍정적인 효과가 있을 것이다.

기형적인 리모델링은 피하자

런던·파리 도심지에는 지은 지 100년, 200년이 넘은 건물들이 많다. 외부는 매우 고전적이고 옛 모습 그대로를 유지하고 있으나 내부는 모든 설비가 현대화되어 최근에 지은 현대식 고층 빌딩보다 손색이 없다. 이러한 것이 리모델링의 좋은 사례이다.

노후 불량 건물이 밀집된 도심 지역을 재정비하는 데는 재개발·재건축·리모델링 등이 있다. 그중에서 도시미관을 고려하고 옛 건축문화를 보존하기 위해서 외부는 그대로 유지하면서 현대식의 발전된 설비와 시설을 갖춘 방향으로 도심을 재정비하는 데는 리모델링이 가장 이상적인 도심 재정비방법이다.

그러나 우리의 현실을 보면 현재 수도권 도심지에서 추진하는 리모델링의 경우는 대체적으로 너무나 많은 규제와 복잡한 절차가 소요되는 재건축에서 상대적으로 용이한 리모델링 쪽으로 방향을 바꾼 경우가 적지 않은 것 같다.

그러다보니 리모델링에 주어지는 인센티브로 용적률이 30% 정도 늘어나는데다가 리모델링 규정상 층고와 건물의 높이는 높아질 수 없으므로 몸만 비대해지는 기형적인 모양의 건물이 될 수밖에 없다. 아무리 외관에 모양을 내고 조경을 한다고 해도 그 효과는 제한적이다. 예를 들면 12~15층의 성냥갑 모양의 판상형 아파트의 경우는 리모델링 대신에 새로이 디자인해 최소 30층 이상으로 고층화하고 형태도 타워형으로 바꾸는 재건축을 해야 한다. 그래야 넓은 녹지공간도 생기게 된다.

건축비 면에서는 리모델링이 기존 건물을 전부 멸실하고 새로운 디자인으로 재건축하는 것과 거의 차이가 없다. 10% 미만의 차이가 있을 뿐이다. 반면 세대수가 늘어나지 않으므로 주택공급에도 기여하지 못하고 과거 개발 시대에 지어진 성냥갑 모양의 판상형 아파트 형태를 더 기형적으로 만들 수밖에 없다. 이 모든 것이 주거 환경을 개선하고 도시미관을 업그레이드 시키고자 하는 도시정비사업의 근본 취지에 적합한 도심 정비방법이라고 볼 수 없다.

문제는 재건축에 부과되는 과도한 개발 부담금과 장기간 소요되는 인허가절차이다. 앞으로는 기존 외관이 보존할 가치가 있는 건물은 내부의 각종 설비 등을 업그레이드 시키는 리모델링을 적극 권장해야 한다. 반면 단순히 재건축의 절차가 복잡해 부득이 기형적인 디자인도 감수하면서 리모델링으로 방향을 바꾸는 일이 없도록 재건축에 대한 과도한 규제를 완화해야겠다. 그럼으로써 전통을 중시하면서도 새로운 것도 추구하는 양면이 고려된 도심 재정비가 될 것이다.

초등학교 잔디 깔기

2007년 가을 어느 주말 아파트단지 내에 초등학교 운동장 옆을 지나다가 매우 안쓰러운 장면을 목격했다. 보이스카웃 초등학교 학생들이 맨 땅인 운동장에 텐트를 치고 야영훈련을 하고 있는 것이었다. 당시 모 경제신문에 부동산칼럼을 쓰고 있던 필자는 초등학교 운동장에 천연잔디를 깔아주자고 칼럼을 기고했다. 그리고 필자가 사는 아파트 주민대표에게 주민들 힘으로 성금을 모아 천연잔디를 깔아주자고 설득도 한 바 있다.

여러 사람의 의견을 모아 하는 일은 항상 어렵고 시간이 걸리게 되어있어 큰 진전을 못 보고 있던 차에, 최근 반가운 소식이 있었다. 정부에서 교육과학기술부 주도하에 문화부 및 지자제와 공동으로 '다양한 학교 운동장 조성사업 추진계획' 시행을 2009년부터 시작한 것이다. 학교 및 지역사회의 선택에 따라 초등학교 운동장에 천연 또는 인조잔디를 깔고 우레탄트랙, 다목적구장 등으로 운동장을 업그레이드 시킨다는 내용이다. 매우 환영할 일이다. 2009년도 사업예산은 500억 원으로 1교당 5억 원씩 100개의 초등학교를 대상으로 하고 있다.

천연잔디를 4,000m² 운동장 기준으로 조경용이 아닌 내구성이 좋은 스포츠용으로 식재하는 데는 약 3억 원 정도면 충분하고 유지비도 월 250만 원 정도이다. 또 인조잔디와 비교해서 시설비용도 약간 저렴하고 월 유지비도 5년 후 교체해야 하는 인조잔디 수선비를 고려하면 비싸지 않다고 하겠다. 그러나 천연잔디의 효과는 인조잔디와 비교할 수 없다. 실제로 직접 만져보고 걸어보면 누구나 쉽게 그 차이를 알 수 있다. 일본 도쿄의 경우 2007년부터 10년 후에는 모든 공립 초·중학교의 교정을 잔디화하기로 하고 학부모들이 참여하는 '잔디응원단'까지 만들어 열을 올리고 있다. 잔디는 전부 천연잔디로 추진하고 있다고 한다.

그러나 우리의 경우는 걱정되는 점이 있다. 아무래도 천연잔디업자들은 주로 소규모 영세업자들이므로 대기업들이 참여하고 있는 인조잔디업체에 비해 대외 홍보력이 불리하다. 이러한 문제점을 보완하기 위해 공평한 제도를 만들 필요가 있다. 앞으로 초등학교에서 천연잔디와 인조잔디 중 선택을 해야 할 때는 학부모, 인근주민 및 전문가들이 참여하는 공청회를 반드시 열어 최종 결정하도록 제도화하는 것이 어떨까 한다. 초등학교 보이스카웃이 인조잔디 운동장에서 야영훈련을 하고 캠프파이어를 한다면 어울리겠는가?

도시미관을 생각하며

강남 테헤란로 주위를 보면 마치 뉴욕 맨해튼에 와 있는 느낌이 들 정도로 스카이라인이 높아졌고 그런대로 고층 빌딩이 제각각 독특한 모양을 뽐내고 있다. 그러나 조금만 이면도로로 들어가 보면 도식적으로 네모난 모습의 볼품없는 건물들 일색이다. 특히 지방으로 가 보면 빨갛고 노란 원색의 바라크 같은 건물을 종종 볼 수 있다. 그러나 주택보급률도 이제는 거의 선진국 수준으로 높아졌고 국민소득도 어느 정도 선진국을 바라볼 수 있는 정도가 되었으니 이제는 도시미관에도 신경을 쓸 때가 되었다고 본다. 아직 1960~1970년대에 건축한 건물들이 있어 이해는 가지만 새로이 신축하는 주택이나 빌딩만큼은 외관에도 투자를 해야 한다고 본다.

지금까지는 위치만 좋으면 건물 외관은 그리 고려하지 않고도 좋은 임차인을 구할 수 있었다. 그러나 이제는 점차 임차인들도 회사 이미지를 생각해 외관도 멋있는 건물을 선호하는 경향이 높아지고 있다. 앞으로 미관을 고려한 설계는 부동산의 수익성에도 크게 영향을 미칠 것이다. 자그마한 건물을 신축해도 당장의 편의성만을 볼 것이 아니라 도시미관과 수익성을 생각해서도 외관도 고려한 설계가 되어야 한다.

이를 위해서는 설계비에 좀 더 과감한 투자를 해야 한다. 지금의 설계는 그저 건축허가를 받기 위한 요식행위 정도의 비용을 지출하는 것이 통상적인 것 같다. 우리는 외국에 비하면 너무나 낮은 설계비를 지출하고 있다. 국내의 설계비는 선진 외국에 비해서 1/3 수준을 벗어나지 못하고 있는 것으로 알고 있다. 파리나 런던 등 역사적인 도시의 아름다움도 하루아침에 만들어 진 것이 아니듯 우리도 이제는 건축설계에 투자를 늘려야 한다.

여기에 하나를 더한다면 도시미관을 위한 인센티브제도를 도입하면 어떨까한다. 매년 각 지방자치단체별로 아름다운 주택, 빌딩을 선정하고 선정된 건물은 취등록세 또는 재산세를 일정기간 또는 일정률 할인해 인센티브를 주는 정책도 생각해 볼 수 있다. 세금수입이 약간 줄어들지 모르지만 도시미관을 중요시하는 분위기를 조성하고 불필요한 재건축 등을 막아 장기적으로는 자원의 낭비를 줄이는 큰 효과를 얻을 수 있을 것이다. 아울러 건축설계인의 사기도 올라가고 세계적인 인재를 육성할 수 있는 계기도 될 것이다.

모델하우스는 개선되어야

　원래 모델하우스는 선(先)분양의 부산물이다. 우리 주택 시장은 아직은 선분양이 주류를 이루고 있으나 일본을 제외한 외국에서는 그리 흔한 방법은 아니다. 모델하우스는 기본적으로 건축허가도 받을 필요가 없는 가건물이고 분양이 완료되면 철거해야 하는 분양경비에 속하는 비용이다.

　이러한 모델하우스가 점점 커지고 호화스러워지고 있다. 주택경기가 어려워질수록 더욱 더 호사스럽게 꾸며지고 있다. 일부는 철골로 3~4층까지 높게 올라가서 에스컬레이터, 엘리베이터 설치는 기본이 되어버렸다. 이대로 놔두면 어디까지 진화할지 모를 정도로 커지고 화려해지고 있다.

　또 모델하우스 입지도 대부분 해당 주택이 들어서는 공사현장이 아니고, 주변 도시 중 가장 중심지에 위치하고 있다. 일단은 도심지가 찾아오는 고객도 편리하고 외부 홍보효과가 크다는 것이 주된 명분이다. 그러다보니 비싼 토지 임대료를 지출해야 한다. 어느 대단지의 경우는 모델하우스 비용만 200억 원에 달했다고 한다. 최근 언론보도에 의하면 서울 강남권 모델하우스부지 임대료는 부르는 게 값이라고 한다. 이미 테헤란로는 모델하우스 스트리트가 되었다. 자칫하면 모델하우스 임대료 급등이 분양가 인상 요인이 될 수도 있다.

　모델하우스 규모가 웅장하다보니 때로는 각종 전시회, 점 봐주기 등 이벤트가 벌어지기도 한다. 어찌 보면 고가의 주택을 팔기 위한 행사라고도 할 수 있겠으나 꼭 필요한 경비라고 보기 어려운 점도 많다.

　정작 고객에게 팔려는 아파트 입지와는 멀리 떨어진 도심지에 위치함으로 모델하우스에는 가수요자 방문객만 많고 실제로 계약율과 큰 괴리가 생기는 경우가 허다하다. 앞으로는 주택업계 스스로 자제해 개선하는 모습을 고객에게 보여줄 필요가 있다. 앞으로는 모델하우스를 현장과 동떨어진 도심지 중앙에 설치할 것이 아니라 공사현장 내에 설치해야 한다. 그래야만 고객입장에서도 사전에 현장을 둘러봄으로써 교통편 등 입지조건에 대해 보다 구체적인 평가를 할 수 있는 좋은 기회가 된다. 또한 분양하는 모든 평형을 대상으로 할 필요 없이 대표성 있는 한 두 개의 평형만 대상으로 하고 나머지는 사이버 모델하우스를 이용하도록 한다면 비용이 크게 절약될 것이다.

　고객도 이제는 점점 현명해지고 있으므로 모델하우스에서 주는 값싼 노벨티에 감동하지 않을 것이다. 오히려 불필요한 경비를 과감히 줄이면서 원가절감을 하고 품질을 높이는 주택회사를 좋아하고 존경할 것이다.

part 03

지구는 아름답고
삶은 축복이다

"지구는 아름답고, 삶은 축복이다.
우주는 무한하고 인생은 너무나 짧다."

어떻게 살아야 하는가

아름다움은 사물을 소유하는 것보다도 아름다운 순간을 경험하는 데서 더 강렬히 느끼게 된다. 유도화가 만발한 올레길을 걷는 장면 같은 유쾌한 순간들을 떠올리면 뇌에서 멜라토닌을 분비시켜 행복한 숙면을 하게 된다. 이와 같은 아름다운 순간을 많이 경험했다면 그는 이미 부자가 된 것이다.

지구는 아름답고 삶은 축복이다

지구는 아름답고.

  때로는 물난리도 격고 쓰나미 지진도 경험하지만, 지구는 광활한 우주공간에서 낮에는 태양의 따뜻한 햇살을 받아가며 또 밤에는 달빛의 조명을 받으며 태양의 주위를 돌고 있다. 중력(重力)이라는 우리는 느끼지도 못하는 거대하고 신비한 힘에 의해 우주공간에서 질서 있게 움직여 아침과 저녁이 있는 하루를 만들고 또 4계절을 만들어나가는 모습은 그랜드 디자인(grand design)된 한편의 장엄한 드라마이고 서사시(敍事詩)다.

삶은 축복이다.

  살아가는 데 예전보다 스트레스가 많아서 그런지 또는 건강검진 등 의술이 날로 발전해서 그런지 모르지만 옛날에는 없던 새로운 병들이 많이 생기고 있다. 사람은 수많은 병에 걸릴 가능성을 항상 갖고 있는 미약한 생물체이다. 그런 우리가 큰 병에 걸리지 않고 건강한 것은 기적인 것 같다. 숙면을 하고 아침에 상쾌하게 잠자리에서 일어나 하루를 건강하게 활동할 수 있다는 것은 매우 감사해야 할 일이고 축복 받은 일이 아닐 수 없다.

  미국 루즈벨트 대통령 부인이었으며 UN대사였던 문필가 엘리너 루스벨트(Eleanor Roosevelt) 여사는 "오늘은 선물이다(Today is a Gift)"라고 갈파했다. 이 아름다운 지구라는 무대 위에서 우주의 기

(氣)를 느끼고 아침, 저녁과 계절의 변화를 경험하며, 일하고 사랑하고, 또 생각하며 살아갈 수 있다는 것은 너무나 감사한 특권이며 축복이 아닐 수 없다.

우주는 무한하고.

천문학자 이영욱 교수는 밤하늘이 어두운 이유는 우리가 관측할 수 있는 별은 우리로부터 가까운 거리에 있는 별들뿐이고 멀리 있는 많은 별들이 발산하는 빛은 우주탄생 빅뱅(big-bang) 이후 열심히 빛의 속도로 우리에게 달려오고 있지만 우주가 너무 광대해 아직 우리에게 도착하지 못했기 때문이라 한다.

지구와 태양의 나이는 45억 년, 우주의 나이는 120억 년이라고 한다. 우리 모두는 120억 년 동안 준비된 이 우주 공간에서 살아가고 있는 귀중한 존재이다.

인생은 너무나 짧다.

하루는 지루하지만 지난날을 생각하면 시간은 화살과 같이 날아가고 있다. 지난 세월이 눈 깜짝하는 순간인 것 같다. 이 무한한 우주 공간과 120억 년이라는 시간의 역사(歷史)를 생각하면, 정호승이 그의 시 〈햇살에게〉에서 "이제는 제가 먼지에 불과하다는 것을 알게 해주셔서 감사합니다"라고 읊은 바와 같이 우리는 너무나 미미한 먼지 같은 존재이기도 하다.

아름다움에 대해서

책을 읽거나 강연을 듣거나 하는 지적 활동에서 얻는 기쁨의 첫째는 무엇보다도 새로운 해석이나 인식을 하게 될 때이다. 최근 아름다움에 대해 새로운 인식의 기쁨을 갖게 된 과정을 소개하겠다. 작곡가 겸 한국예술종합학교 교수인 이건용은 "내겐 아름다운 사물이 아니라 아름다움을 체험한 순간이 존재한다"라고 했다. 그는 일상에서 벗어난 순간, 한국 산의 모습, 비 냄새, 낙엽의 향기, 황혼에서 아름다움을 느낀다고 했다. 정말로 공감이 가는 이야기다. 이러한 마음을 좀 달리 표현한다면 "아름다움의 대상은 사물이라기보다 느끼는 순간이다"라고 말하고 싶다.

우리 시대 다시 말하면 산업사회를 거쳐 이제는 그보다 더 치열한 지식, 정보사회의 경쟁 속에서 살아가는 우리는 아름다움이 사물이라는 데 너무나 집착하고 있다. '강남 성형 벨트'라는 말이 나올 정도로 성형수술이 젊은 여성 사이에서는 보편화되어 있다. 어느날 한 학생이 질문을 했다. 질문의 내용은 "멘토님은 여자의 외모에 대해 어떻게 생각하느냐"였다. 필자는 그 사람의 아름다움을 평가하는데 외모는 일부분이고 그가 호감이 가는 인상인가가 더 중요하다고 했다. 또 그의 마음가짐, 삶에 대한 태도에서 진정한 아름다움이 묻어나온다고 말한 기억이 있다.

고가의 미술품에 너무 비이성적으로 집착하는 것도 비슷한 풍조이다. 최근 우리나라 재벌가에서 정상적인 부(富)가 아닌 재원에서 나온 자금으로 해외 유명작품을 구입해 문제가 된 바가 있다. 일본도 비슷한 일을 일찍이 경험했다. 1920년대 가와사키조선소 사장인 마쓰카타 고지도는 파리 화랑가를 휩쓸고 다니면서 소위 마쓰카타 컬렉션을 수집했으나 결국은 회사가 파산되었다. 1984년 일본 다이쇼와제지(製紙) 명예회장 사이토 료헤이 역시 뉴욕 크리스티즈 경매에서 반 고흐의 '의사 가셰의 초상'을 예상가의 두 배가 넘는 8,250만 달러에 낙찰을 받았으나 그 후 일본의 거품경제가 꺼지면서 그도 몰락하고 그림 값도 폭락했다.

이에 반해, 간송(澗松) 전형필은 맹목적인 명품 수집가가 아니었다. 빼앗겨지는 우리 문화재를 보전하는 목적으로 수집하여 훈민정음 원본도 찾아내는 쾌거를 이루었다. 그러다 보니 황해도의 논밭을 팔아 자금을 마련한 것도 결과적으로 행운이 되었다. 그 후 남북분단, 토지개혁으로 어차피 빼앗길 토지를 팔아 지금도 성북동 보화각(葆華閣)에 가치로 환산할 수 없는 수많은 국보와 보물을 보유하게 된 것이다. 그는 문화재를 상품으로 본 것이 아니라 우리민족의 정신으로 보았던 점이 다른 점이라 하겠다.

아름다움에 대한 인식을 더 깊은 단계로 들어가면, 아름다움은 사물을 소유하는 것보다도 아름다운 순간을 경험하는 데서 더 강렬히 느끼게 된다. 다시 말하면 소유보다는 경험이 더 소중하게 된다. 예를 들면, 좋아하는 미술품이나 명품을 구입해 소유할 때엔 기쁘고 감격스럽기까지 할 것이나 일단 소유를 한 다음은 마음에서 멀어지게 되기 십상이다. 그러나 읽고 있는 책에서 만난 감동적인 문장, 서로 의기투합해 진지하게 대화에 몰입하고 있는 장면, 세상을 새로운 눈으로 바라 보았을 때 비로서 보이는 깨달음 같은 아름다운 순간의 경험은 잘 잊히지 않고 시간이 흘러도 때로는 더 강렬하게 느껴지기도 한다.

우리 주위에는 손쉽게 찾을 수 있는, 경험할 수 있는 아름다운 순간이 너무나 많다. 신석정 시인의 "호수에 안개 끼어 자욱한 밤에 말 없이 재 넘는 초승달처럼 그렇게 가오리다 님께서 부르시면", 이 한 구절을 조용히 암송해 보면 너무나 감동적이다. 어찌 시시한 명품 소유에 비교되겠는가. 숙면을 위해서는 잠자리에 누운 후 5~10분이 중요하다. 유도화가 만발한 올레길을 걷는 장면 같은 유쾌한 순간들을 떠올리면 뇌(腦)에서 멜라토닌을 분비시켜 행복한 숙면을 하게 된다. 이와 같은 아름다운 순간을 많이 경험했다면 그는 이미 부자가 된 것이다.

부동산 투자에 있어서도 소유에만 집착할 것이 아니라 자기만이 느낄 수 있는 아름다움을 계속 경험하는 투자가 되어야 한다. 스토리텔링이 되는 부동산을 주목하고 또 스스로 자기에게 어울리는 스토리를 만들어 나가면 된다. 자그마한 주택이나 사무실이지만 그 부동산에 의미를 부여하면 어떨까 한다. 우리 옛 어른들이 했듯이 그럴듯한 이름도 지어주고 독특하게 가꾸어 나가면서 자기만의 스토리를 만들어 간다면 새로운 아름다움을 경험하게 될 것이다.

참 좋은 당신

어느 날 갑자기 달빛에 쏘인 것처럼 시(詩)에 감동하게 되었다. 그리 오래되지 않은 어느 일요일이었다. 배낭을 메고 등산화 끈을 매면 자유인이 되는 나는 혜화동 성벽을 거쳐가는 북악산 등산길에서 혜화초등학교 옆을 지나게 되었다. 아주 먼 옛날에 졸업한 학교이다. 학교 담장 옆에는 꽃길이 가꾸어져 있었다. 한 겨울이라 플라스틱으로 만든 아치만 보였지만 아치 군데군데에는 시가 쓰인 패널이 걸려있었다. 지나가며 무심코 패널에 쓰인 김영랑의 시 〈모란이 피기까지는〉을 읽는 순간 내 가슴에 뜨거운 무엇이 솟아오르는 감동을 느꼈다. 또 서정주의 〈국화 옆에서〉 역시 그 시구 한 소절 한 소절이 바로 가슴에 와 닿았다. 그 순간 "아! 내가 왜 지금까지 이러한 멋있는 세계를 외면하고 살아왔는가" 하는 탄식과 함께 옛사랑을 만난 것 같았다. 무심코 커튼을 열자마자 바로 달빛을 맞는 것 같은 짜릿한 순간이었다.

사실 내 나이가 되면 감동하고 감격할 일이 그리 흔치 않다. 박경리 선생의 말대로 모진 세월을 경험한 세대로서, 또 한 평생 이윤을 추구하는 기업에 몸담고 살아온 나로서는 가슴이 메마른 상태가 아닐 수가 없을 것이다. 그날부터 수많은 시들 중에서 마음에 드는 시를 고르기 시작했다. 고등학교 국어교과서, 《한국현대시 100선》, 《시인들이 추천하는 시 100선》 등 시집은 물론이고 문학 관련 인터넷 카페에 가입까지 해서 찾아보게 되었다.

깃발을 영원한 노스탤지어의 손수건으로 묘사한 유치환의 〈깃발〉, 김광섭의 "나는 밤마다 꿈을 덮노라"로 끝나는 〈마음〉 같은 시는 고등학교 때 배운 시였지만 이제야 그 시 속에 함축된 의미와 맛을 제대로 느낄 수 있었다. 또 "오늘도 신비의 샘인 하루를 맞는다"로 시작되는 구상의 유언 같은 시인 〈오늘〉은 매우 교훈적이다. 용혜원의 〈멋있게 살아가는 법〉, 〈우리는 서로 사랑할 수 있습니다〉는 시구 하나하나가 마음에 들고 암송할 때마다 내 스스로 생활을 가다듬을 수 있는 바이블 같은 시이다. 박경리 선생의 유작시(遺作詩)인 〈옛날의 그 집〉의 마지막 소절인 "버리고 갈 것만 남아서 참 홀가분하다"라는 시구(詩句)는 삶의 의미를 통달한 자만이 만들 수 있는 명언이다. 안도현의 〈너에게 묻는다〉는 많은 사람들로 하여금 연탄재를 함부로 발로 차지 못하게 만들었을 것 같다. 섬진강의 시인인 김용택의 "이 세상에 나만 아는 숲이 있습니다"로 시작해서 "당신은 내게 그런 사랑입니다"로 끝나는 〈단 한 번의 사랑〉은 너무나 열정적이면서도 아름답다.

무엇이 그리 바쁘다고 시집 한 권 사보지 못하고, 신문이나 잡지에 나오는 짧은 시 하나 제대로 읽지 못하고 살아온 지난 세월이 후회스러울 정도다. 내 자신이 이제 와서 시인이 될 수는 없지만 시를 좋아하는 열렬한 팬이 되겠다. 내게는 시가 김용택이 〈참 좋은 당신〉에서 노래한 '아! 생각만 해도 참 좋은 당신'이 되었나보다.

나무가 되리라

청마(靑馬) 유치환의 시 〈바위〉는 내가 애송(愛誦)하는 시다.

내 죽으면 한 개 바위가 되리라

아예 애련(愛憐)에 물들지 않고

희로에 움직이지 않고

비와 바람에 깍이는 대로

억 년 비정(悲情)의 함묵(緘默)에

안으로 안으로만 채찍질하여

드디어 생명도 망각하고

흐르는 구름

머언 원뢰(遠雷)

꿈꾸어도 노래하지 않고

두 쪽으로 깨뜨려져도

소리하지 않는 바위가 되리라

문학평론가들은 이 시를 세속적 감정에 흔들이지 않는 시인의 굳은 삶의 의지의 표현이라고 논평하고 있다. 그러나 필자는 이 시를 쓴 시인의 마음을 조금 달리 해석하고 싶다. 생로병사, 희로애락에 휘둘려 살아온 우리 인생살이에 대한 시인의 반항이라고 생각한다.

우리가 살아가고 있는 삶에 대해 청마 시인과 비슷한 생각을 갖고 있는 필자 역시 바위를 나무로 바꾸어 "내 죽으면 한 그루 나무가 되리라"라고 노래하고 싶다. 청마와 같은 시심(詩心)이 없어 〈바위〉와 같은 명시는 쓸 수 없어도 왜 나무가 되고 싶고 또 어떤 나무가 되고 싶은지에 대해 몇 가지 생각을 남기고 싶다.

나는 나무를 매우 사랑한다. 차를 타고 가다가도 수형이 예쁘고 아름다운 나무를 보면 차를 세워 다시 보기도 한다. 어느 등산로 어느 길목에 마음에 드는 나무가 있는지 기억하고 있다. 휘어진 소나무보다 곧은 나무가 좋다. 특히 한국이 원산지인 구상나무, 주목은 수형이 좌우균형이 잘 맞고 이른 봄 새순이 돋는 모습은 정말로 생동감이 있다. 단풍이 아름다운 은행나무, 느티나무도 좋다. 높은 키에 시원한 모습의 메타스콰이어도 일품이다. 하지만 꽃이 화려하게 피는 벚꽃나무, 백일홍, 목련 같은 나무는 꽃이 지면 볼품이 없어 그리 좋아하지 않는다.

다음은 나무가 있는 장소다. 아파트 조경에 사용된 나무나 큰 저택 정원에 심어진 나무는 우리에 갇힌 가축 같다. 설악산 천불동계곡, 지리산 세석평전, 덕유산, 태백산 능선에 자생하는 구상나무나 주목은 자태가 늠름하고 건강하다. 맑은 가을 하늘에도 보기 좋지만, 눈·비가 오고 비바람 불 때 높은 산 능선에 굳건히 서있는 모습이 더 멋있다. 특히 수령이 백년은 훨씬 넘어서 그런지 잎은 대부분 떨어졌지만 그래도 굳건한 줄기로 버티고 서있는 나력(裸力) 역시 너무나 감동적이다.

높은 산에 홀로 서있는 나무는 고독하게 보인다. 그러나 그에게는 속세와 다른 친구들이 있을 것이다. 더위를 씻어주는 산들바람, 온갖

산새들, 어두운 밤을 비춰주는 달, 그리고 도심에서는 보기 힘든 반
짝이는 별들이 친구해주고 있기 때문에 외롭지 않을 것이다.

"내 죽으면 한 그루 나무가 되리라."

한 그루 나무가 된다면, 사람에게 주어진 희로애락, 생로병사의 굴
레를 넘어 좀처럼 나를 놔주지 않던 욕심, 환상, 유혹에서 벗어나 진
정한 자유(自由)를 찾게 될 것 같다.

싱거미싱

부모님이 작고(作故)하신지 여러 해 되었지만 아직도 어버이날을 맞이하면 돌아가신 부모님에 대한 아련하고 애틋한 추억이 되살아나곤 한다. 나에게는 특별한 어머니 유품이 있다. 어머니 보듯 소중히 간직하고 있는 싱거(Singer)미싱이 그것이다. 어머니가 시집올 때 혼수로 가져온 재봉틀이다. 1916년생이고 당시로써는 좀 늦은 결혼을 1941년 4월에 했으니 재봉틀 나이가 이미 70해를 훨씬 넘은 셈이지만 아직도 씽씽 돌아가고 있다.

어머니(김천혜, 金千蕙)는 이화전문을 다니다가 도쿄로 유학을 떠나 도쿄양재전문학교에서 의상을 전공했다. 옛날 돈암동에 살 때는 선반위에 모자를 만들기 위한 나무로 만든 갖가지 형틀이 수십 개가 쌓여 있기도 했다.

원래 어머니는 결혼 전에 화신백화점 부인복부에서 디자이너로 일했으며 결혼 직후에는 종로 종각 근처에서 양장점을 개업해 그런대로 번창했으나 아버지의 반대로 결국 뜻을 접고 말았다고 한다.

6.25가 발발하자 우리는 부산 초량동에서 외과병원을 개업하고 계시던 할아버지 병원 한구석에서 피난살이를 약 3~4년 했다. 그 당시 부산은 왜 그렇게 추웠던지 매서운 바닷바람과 미군 천막으로 세운 임시 천막학교가 부산 피난살이 기억의 대표적인 것이다. 또 하나 추가한다면 어머니의 싱거미싱이었다. 어머니는 6.25 동란(動亂) 중에도 재산목록 1호로 싱거 상표의 재봉틀을 싸들고 부산까지 피난

했다. 그 후 그 어려운 피난살이, 시집살이 중에도 병원 건물 한 귀퉁이에 간이 양장점 개업까지 했다. 동네 부인들의 옷을 재단하고 싱거미싱을 돌려 옷을 만들었다. 아마도 어려운 생활에 조금은 보탬이 되었을 것이다. 지금 생각하면 정말로 억척 이상의 초인적인 헌신이었다고 생각된다.

어머니 인생의 동반자인 재봉틀 싱거미싱은 또 한 번 일을 했다. 내가 중학교에 입학한 후인 1956년경이라고 생각된다. 우리 집은 한때 봉재공장이 되어 그 당시 겨울에 유행했던 코르덴점퍼를 집에서 만들었다. 어느 회사로부터 주문을 받은 것이 아닌, 그저 가내공장에서 싱거미싱을 돌려 몇몇 점포에 위탁판매를 한 것으로 생각된다. 얼마만큼 성공적이었는가는 알 수 없지만 문화촌으로 이사 간 것을 계기로 접은 것을 보면 사업적으로는 그리 재미를 못 본 것 같다.

어머니는 개화기에 첨단을 걷는 신여성으로서 요샛말로 커리어우먼의 꿈을 갖고 있었을 것이다. 그러한 꿈을 가난한 예술가와의 결혼으로 모두 포기하게 된 것이다. 일생을 내조와 5남매의 교육·혼사 등 모든 가정사에 중심이 되어 정말로 영일(寧日) 없는 날을 보내셨다. 이것이 어찌 우리 집만의 경우이겠는가? 지난 50년간 세계가 놀란 경이로운 한국 경제발전의 뒤에는 그 어려운 시집살이, 가난한 살림살이, 입시지옥에서의 자녀교육 등 어머니의 헌신과 가족사랑이 있었다. 이 땅의 모든 어머니들은 정말로 위대하셨다.

어버이날을 맞이해 조촐한 선물이나 식사라도 대접해 드리고 싶으나 그런 기회조차 없다는 점이 매우 아쉽고 슬프다. 그래도 어머니의 싱거미싱을 갖고 있다는 것은 조금이나마 나에게 위안이 되고 있다.

신념의 마술

　어느 모임에서 한 심층심리학자가 사회에 첫발을 디딘 젊은이들에게 일생에서 가장 가지고 싶거나 이루고 싶은 것을 백지에 쓰게 했다. 그 사람은 젊은이들에게 원하는 것을 종이에 쓰기만 하면 반드시 이룰 수 있다고 힘주어 말했다. 10여 년이 지난 후 그 모임에 참석한 젊은이들에게 종이에 썼던 것을 실제로 성취했는지 물어보았다. 그 결과 한 사람도 빠짐없이 전부 자신의 꿈을 이루었다고 했다.

　이는 얼마나 마술과 같은 이야기인가? 믿기 어렵겠지만, C.M. 브리스톨이 지은 《신념의 마술(The Magic of Believing)》을 읽어본다면 위 일화의 마술 같은 이야기에 수긍할 수도 있을 것이다. 이 책은 1948년 저자가 라디오에서 강연한 것을 종합해 출판한 것이다. 그는 인간의 잠재의식에 대한 연구를 통해 신념을 적극적으로 활용하는 새로운 방법을 제시했다. 가끔 보통 사람들에게도 자고 일어났는데 오랫동안 고민하던 문제들에 대한 기발한 해결책이나 앞으로 나갈 방향이 번뜩 떠오른 경험이 있을 것이다. 저자는 이러한 경험이 모두 잠재의식의 힘이고 신념의 마술임을 나름대로 과학적으로 분석하고 있다.

　필자가 1960년대 말 사회생활을 처음 시작했을 때, 이 책을 발견할 수 있었던 것은 정말 행운이었다. 당시 필자는 위 일화의 젊은이들과 같은 입장이었기 때문이다. 잠재의식 속에 소망을 집중해 심어두고 반복하면 그것을 정말 이룰 수 있다는 가르침. 이것이야말로 필자가

지금까지 살아오면서 크고 작은 좌절과 어려움을 겪을 때마다 용기를 잃지 않게 해준 든든한 힘이 되었다. 《신념의 마술》이 필자에게 준 가르침은 오늘과 같이 어려운 시기에 더욱 필요한 것이 아닌가 싶다. 40여 년 전 필자에게 큰 감동을 준 이 책을 힘든 시기에 사회에 첫발을 내딛는 오늘의 젊은이들에게도 권하고 싶다.

마음껏 방황하고 고민하라

"사장님도 아직 미래에 대한 꿈이 있거나 이에 대해 고민하세요?" 필자가 CEO 시절 회사 젊은 직원들과 점심 식사를 하며 받은 질문이다. 한 회사에서의 사장의 자리가 마치 인생의 끝으로 생각하는 모양이다. 동시에 미래에 대한 불안하고 초조한 마음을 젊은 직원들의 표정에서 읽을 수가 있었다. 그들의 질문에 답을 한다면 사장이 되었다고 해도 여전히 꿈이 있고 앞날에 대해서도 항상 망설임이 있다는 것이다.

원래 인간은 처음부터 약한 존재이다. 그렇기 때문에 자신이 하고 있는 일이나 미래에 대해 불안함을 느끼는 것은 당연하다. 인생의 묘미는 이러한 망설임이 뭔가를 하게 한다는 것이다. 적당히 만족을 한다면 더 이상 불안은 없을 것이나 더 이상 발전도 없을 것이다. 어떻게 인생을 살아야 할 것인가에 대한 방황과 고민, 이것이야 말로 인생을 값지게 하고 발전시키는 원동력이라 할 수 있다.

중요한 것은 20대의 방황과 고민이 인생 전체로 볼 때 가장 절실해야 한다는 것이다. 20대의 방황은 인생의 기초공사와 같다. 인생이라는 건물도 기초공사를 착실히 다지는 과정을 거쳐야만 그 다음 공정으로 넘어갈 수 있다. 기초공사를 다지는 동안의 시행착오는 그리 큰 문제가 아니다. 그러나 이미 골조공사를 끝내고 내장공사까지 마무리된 건물 기초에 하자가 발생한다면 이것은 정말 큰일이다. 인생도 이와 마찬가지이다. 이미 다 지어놓은 건물을 부수고 다시 지을 수 없는 것처럼 인생도 처음으로 되돌릴 수는 없다.

그렇다고 20대에 고민과 방황만 하며 보내라는 뜻은 아니다. 아무리 어렵고 힘들어도 그대들에게는 젊음과 무한한 가능성이 있는 미래가 있다. 마음껏 방황도 하고 고민을 하면 분명히 길이 있을 것이다. 생각하고 고민할수록 현명한 선택을 하게 될 것이다.

요즘과 같은 정보사회에서는 젊은이들이 활동할 무대가 매우 넓어졌다. 좋은 아이디어만 있으면 언제든지 큰일을 할 수 있는 세상이 된 것이다. 가급적 해외 경험은 젊은 시절에 하는 것이 좋다. 세계인으로서 글로벌스탠더드를 배워야 한다. 국민소득 면에서 우리나라는 선진국의 문턱에는 와 있다고 한다. 그러나 문화적 수준은 아직 훨씬 못 미치고 있다. 서구문명의 합리성, 사고방식을 젊은 시절에 습득해 세계인으로서의 소양을 갖추어야 한다. 그럼으로써 사업가, 학자, 예술가 등 어떤 방향으로 진출을 하던지 간에 손색없는 일류 전문가가 될 수 있다.

더불어 호기심과 탐구하는 정열을 계속 키워야 한다. 그러기 위해서는 독서를 습관화해야 한다. 독서만큼 인생을 살찌우고 발전시켜 주는 것이 없다. 인생의 선배들이 남겨 놓은 지혜와 지식을 가장 손쉽게 싼값으로 이용할 수 있는 것이 독서이다. 10년쯤 지나면 독서를 생활화하는 사람과 그렇지 않은 사람은 지식뿐 아니라 인생을 바라보는 식견에서도 큰 차이가 날 수밖에 없다.

정보사회에서의 1개월은 과거의 1년이라고도 한다. 그 만큼 세상이 빠르게 변하고 있다. 젊은이들은 변화에 마지못해 끌려서 따라갈 것이 아니라, 무서워하지 말고 주도적으로 변화를 이끌어 나가야 할 것이다. 젊음의 꿈과 야망을 갖고 잘못된 것을 바꾸고 개선하면서 변화를 주도해야 한다. 실수할 때도 있을 것이다. 그러나 젊어서의 실수는 용서받을 수도 있고 새로 시작할 기회가 많으므로 실수를 너무 두려워 말고 용감히 자기 인생에 투자해야 하는 시기가 20대인 것 같다.

한 마디를 덧붙인다면 아무리 세상이 빠르게 모든 것이 변한다고 해도 변하지 않는 것이 있다는 것이다. 즉 인간의 기본, 인생의 무상은 변할 수 없다. 아무리 앞날을 바라보고 뛴다고 해도 20대 가슴의 순수하고 아름다운 마음은 계속 간직해야 할 것이다. 마음껏 방황하고 고민하고 사랑하면 좋은 결과가 나올 것이다. 원인과 결과는 별개가 아니고 서로 연결된 것이다. 좋은 원인을 제공하면 좋은 결과는 자연히 나올 것이다.

봄의 화신

　내가 사는 아파트 단지에는 백목련, 자목련, 산수유가 어우러져 있는 양지바른 곳이 있다. 매일 아침 조깅을 하는 길 끝 모퉁이에 있어 봄이 오는 때가 되면 올해는 또 언제쯤 꽃망울을 터뜨릴까 하면서 매일 이른 아침 유심히 지켜보게 된다. 산수유가 노란색을 만들면서 봄의 화신(花信)을 제일 먼저 전해준다. 샛노란 원색이 아닌 크레파스를 진하게 바른 농도가 짙은 품위 있는 색깔이다.

　그 다음은 목련 차례이다. 봄꽃에는 엄격한 서열이 있는가 보다. 어떤 일이 있어도 자목련이 백목련보다 먼저 피는 때가 없다. 약 3~4일 차이로 백목련이 만개 되었을 때 자목련이 모습을 나타낸다. 관람자에게 더 많은 기쁨을 주기 위해 합리적인 순서를 정했는가 보다. 아무래도 비교적 가벼운 색깔인 흰 목련을 먼저 선보이고 그 다음에 진한 컬러인 자목련이 등장하는 것이 보는 눈을 거슬리지 않게 하기 때문인가 보다. 만약 자목련이 먼저 핀다면 필자는 매우 실망할 것이다.

　고급 레스토랑의 식탁에서도 비교적 담백한 맛의 화이트와인이 먼저 서브되고 그 후에 레드와인이 서브된다. 만약 이러한 순서를 무시하고 서브한다면 일류 레스토랑은 못될 것이다. 이러한 식탁의 관행이 언제부터 시작되었는지는 모르겠지만 자연, 더 나가서는 조물주는 이미 합리적으로 백목련과 자목련의 서열을 만들어 놓으신 것이다.

　이른 아침 양지바른 모퉁이에 완연히 짙은 노란 색깔을 칠해 놓은 것 같은 산수유와 이제 막 눈부시게 화려한 흰색의 꽃망울을 터뜨리고 있는 백목련을 보았을 때 형언할 수 없는 기쁨과 감동을 맛보았다. 특히, 이미 만개한 백목련 바로 옆에는 고상한 자줏빛의 자목련이 이제 막 꽃망울을 머금고 함께 어울리고 있어 감흥이 한층 더했다. "아! 이제 완연한 봄소식이 왔다. 바로 이것이 살아있는 기쁨이구나. 어느 화가가 이 살아있는 그림보다 더 아름답게 표현할 수 있을까." 이른 아침 나도 모르게 손뼉을 치면서 "아, 정말 좋다, 아름답다"는 감탄사를 연발했다.

　아무리 세상이 바람불고 춥고 어둡다 해도 산수유부터 시작해 개나리, 진달래, 백목련, 자목련 그리고 화사한 벚꽃…, 조금 지나면 향기 좋은 라일락, 화려한 철쭉, 모란…, 그리고 갖가지 색깔의 장미가 올해에도 어김없이 꽃망울을 터뜨리는 오케스트라의 대향연은 이루어 질 것이다. 이러한 꽃의 축제를 즐길 수 있다는 것만으로도 벅찬 감격이며 축복이 아니겠는가!

편지

사진작가를 지망하고 있는 딸아이가 지중해로 사진촬영 여행을 가기 위한 여행경비 보조를 요청했다. 필자는 여행 중 편지를 2회 이상 보내는 것을 조건으로 요청을 들어주었다.

직장에서 업무와 관련된 많은 비즈니스 레터를 받고 또 쓰기도 한다. 그렇지만 모두가 감성적인 것이 아니며 날카로운 이성과 사업논리가 깔려있는 공문이라고 불리는 편지이다. 또한 매일 집 우편함에 꽂혀있는 편지들은 대부분 각종 청구서, 고지서, 무수한 광고 메일, 청첩장들이다. 이 모두가 사실 반가운 편지는 아니며 일상생활에 필요한 요식 행위들이다.

나는 고등학교 때부터 받은 편지를 아직도 대부분 간직하고 있다. 사회와 격리된 군대훈련 또는 전방 근무 시에 받은 편지가 제일 많다. 또 러브레터 성격을 띤 몇 장의 편지는 젊은 지난날의 추억을 되새기게 하며 지금도 읽으면 얼굴이 붉어지기도 한다. 그 당시 백내장으로 시력이 좋지 않으셨던 조부께서 펜글씨로 훈련 중인 손자에게 쓰신 착실하고 건강하게 군대 생활하라는 격려의 편지는 지금 읽어도 감격스러운 편지이다. 또 제대를 얼마 앞두고 이제는 모든 공부와 국가에 대한 의무를 다 했으니 취직과 신나는 결혼만 남았다고 외치던 P 군의 편지는 너무나 솔직한 그 당시의 심경을 표현한 편지이다.

의사 전달에는 여러 가지 수단이 있으나 그 중 편지가 정리되고 절제된 표현으로 오래 남길 수 있는 제일 좋은 수단이라고 생각한다.

편지, 그 자체가 훌륭한 역사의 기록이다. 어느 한 시대의 사상과 세태를 읽을 수 있는 중요한 사료도 될 수 있다. 외국에서는 유명한 예술가, 정치가들의 편지가 경매 시장에서 고가로 판매되는 것도 이러한 가치를 높게 평가한 결과이다. 선진국의 박물관에는 유명 인사들이 주고받은 편지가 손상됨 없이 잘 보존되어 일반에게 열람되고 있다. 시오노 나나미의 역작인 《로마인 이야기》도 키케로 등 당시 로마인들이 주고받은 편지가 손상되지 않고 지금까지 보존되었기 때문에 가능했다.

우리는 어떠한가. 너무나 보존을 안 하고 있다. 가지고 있는 것이 오히려 화근이 되었으면 되었지 도움이 안 된다는 생각이 앞섰기 때문이라고 생각된다. 그러나 우리는 이제 정치, 경제, 문화 등 모든 면에서 문명국가의 범주에 들어가는 체제를 갖추었으므로 생각이 달라져야 한다고 생각한다. 사적인 편지라 해도 후세에는 매우 가치 있는 자료가 될 것이다.

요즈음은 이메일, 휴대폰 세상이 되어 친필 편지를 받아보기가 매우 어려운 실정이다. 아무리 악필이라 해도 친필 편지가 이메일보다는 친근감이 있고 정이 간다. 딸아이는 여행 중 편지를 보내는 약속은 지켰다. 기대했던 긴 편지는 아니고 엽서에 쓴 짧은 편지였지만 오랜만에 받아보는 사무적인 내용이 아닌 정겨운 편지였다.

정직의 가치

　최근 언론에 보도된 청소년의 의식구조 조사 결과에 의하면 응답자의 43%가 정직하면 살기 힘들다고 생각하는 것으로 나타났다. 물론 세상살이를 하다보면 본의 아니게 선의의 거짓말도 할 수 있겠지만 과반수에 가까운 청소년이 이렇게 생각한다는 것은 우리 사회에 적지 않은 문제가 있다는 것을 보여주는 것이다. 그동안 급변하는 세상을 살아오면서 기성세대들이 정직함에 그리 많은 관심을 두지 않았던 결과인지도 모르겠다.

　정직에 대해 서로 상반된 결과를 소개하겠다. 박정희 대통령 시절 누구나 알 만한 한 유력 인사가 해방 직후 미군이 주관하는 교육기관에서 겪었던 이야기다. 당시 많은 교육생들은 일본 소재 대학을 졸업한 것으로 학력을 속이고 있었다고 한다. 어느 날 이러한 정황을 알고 있는 미군 교관이 교육생들에게 눈을 감으라고 한 후 학력을 속인 사람은 손을 들면 용서해 주겠다고 했다. 아무도 손을 들지 않았으나 그는 솔직하게 손을 들었다고 한다. 그 후 미군은 그의 정직함을 높이 사 그에게 많은 도움을 주었다고 한다.

　1965년 무장군인 고려대난입사건 때 일화다. 데모를 하던 수십 명의 학생이 연행되어 갇혀 있던 경찰서 유치장에 한 사복 형사가 ROTC는 즉시 귀가 시킬테니 손을 들라고 했다. 동기생 중 매우 정직했던 이 모 군은 용감하게도 손을 들었다. 하지만 그에게 돌아온 것은 ROTC 퇴교 명령이었고 장교 임관을 못한 채 하사관으로 어렵게

군 생활을 해야만 했다. 앞에서 말한 미군들과는 다르게 그때의 경찰은 정직에 가치를 두지 않고 오히려 불이익을 주었다.

위의 예는 물론 오래전 이야기다. 그 후 많이 달라지고 있다고 생각은 하나 위에 의식구조 조사에서 43%나 정직하면 살기 힘들다고 하니 걱정이 안 될 수 없다. 정직하게 사는 것이 잠시 손해를 볼 수는 있지만 결국에는 그 가치를 발휘하는 사회가 되기 위해서는 외형적인 경제성장만으로는 해결할 수 없으며 사회 곳곳에서 정직의 가치를 높게 사주는 노력이 필요하다고 생각한다.

chapter 02

존경하는 사람

진솔하게 쓴 성공한 기업인, 예술가, 정치가의 자
서전은 본인뿐 아니라 그 당시 사회의 가치관을
대변하는 매우 귀중한 역사자료이며 앞날을 예
측해야하는 사람들에게도 많은 도움을 주는 훌
룽한 교육자료라고 생각한다.

자서전을 읽자

신문과 방송의 뉴스나 보도보다 논단(論壇), 논단보다는 대담이 문제의 본질을 파악하는 데 더 많은 도움이 된다. 단순한 뉴스만 보도하는 기사보다 필자의 의도가 강하게 표현된 논단이 보다 손쉽게 문제를 인식하는 데 도움을 준다. 신문과 TV의 대담은 쌍방 또는 다자간(多者間)이 서로 자기의 견해를 대화를 통해 입체적으로 표현한다. 이로써 문제의 핵심이나 본질을 제3자인 독자나 시청자가 이해하기가 쉽다. 또한 대담 참여자도 논단보다 솔직하게 자기의 견해를 표현하는 경향이 있다고 생각한다.

그러나 대담보다 더 생동감 있게 포괄적으로 그 시대상을 전해줄 뿐 아니라 교육적인 시사점을 주는 것은 자서전이다. 자서전에는 두 종류가 있다. 본인이 직접 쓴 자서전과 직업적인 전기 작가가 본인 동의하에 쓴 자서전이 있다. 그리고 본인 동의 없이 쓰는 평전도 크게 보면 한 사람의 일생을 조명한다는 뜻에서 자서전과 비슷하다고 하겠다.

성공한 기업가, 예술가, 정치가들의 진솔한 자서전은 후배들에게 많은 교훈을 주고 흥미로운 인사이드 스토리를 전해주고 있다. 예를 들면 재클린 케네디의 자서전을 보면, 그 당시 베스트셀러였던 케네디 대통령의 《용기 있는 사람들》은 갑부인 그의 부친이 만들어준 베스트셀러였음을 알 수 있다. 그의 부친 저택 창고에는 전국 서점에서 구입한 《용기 있는 사람들》로 가득 차 있었다고 한다.

월가의 마술사라고 불리는 조지 소로스의 자서전에 의하면 그는 사업상의 친구들을 집에 절대 초대하지 않았다. 매우 검소하게 살아 주위에서는 그의 직업까지도 몰랐으며 자신의 집에 초대한 손님이 돈을 어디에 투자해야 좋을지 묻는 것을 가장 싫어했다고 한다.

자기 일생을 돌아보며 저술한 자서전에는 무엇인가를 후세와 후배들에게 남겨야 하므로 솔직하게 쓰여져야 가치가 있다. 대스타로 한 시대를 주름잡았던 신성일의 자서전 《청춘은 맨발이다》가 인기 있는 것은 다른 어떤 자서전보다 솔직하게 쓰였기 때문이다. 전 세계적으로 베스트셀러가 된 스티브 잡스의 자서전은 전문 전기작가인 월터 아이작슨이 본인의 동의하에 쓴 자서전이다. 어느 소설이 이만큼 재미있을까 하는 생각이 들 정도로 잘 써진 자서전이다. 상당히 솔직하게 써져있어 더욱 더 돋보인다. 죽음을 맞이할 즈음에 작가와 대화하면서 신의 존재와 죽음에 대해 언급한 부분은 매우 감동적이다. 또한 미국이라는 나라를 이해하는 데도 매우 좋은 책이다. 젊은 사람들에게 강력히 추천하고 싶은 책이다.

진솔하게 쓴 성공한 기업인, 예술가, 정치가의 자서전은 본인뿐 아니라 그 당시 사회의 가치관을 대변하는 매우 귀중한 역사자료이며 앞날을 예측해야 하는 사람들에게도 많은 도움을 주는 훌륭한 교육자료라고 생각한다. 필자의 도서구입 우선순위에서 자서전은 항상 제1순위이다. 서점을 돌아볼 때 자서전이나 평전이 있으면 제일 먼저 손이 간다.

우당 이회영

우당(友堂) 이회영(李會榮)과 그의 일가는 모든 가산(家産)을 정리해서 40만 원(당시 쌀 한 섬 3원)의 거금을 마련한 후 망국의 해인 1910년 12월, 오직 독립운동의 큰 뜻만 품고 한만(韓滿)국경을 넘었다. 그는 만주에 신흥무관학교를 세워 수많은 독립군을 배출했으며 헤이그 특사사건의 숨은 주역으로 고종의 망명계획까지 세웠으나 갑작스런 고종의 서거로 뜻을 이루지 못했다.

삼일운동의 열기도 잠잠해진 1925년 이후에는 국내의 지원도 끊겨 그의 부인이 국내에서 직공 생활로 보낸 돈으로 겨우 연명하는 신세가 되었다. 옷을 전당포에 잡혀 문밖출입도 못하는 혹독한 고생을 해야 했지만 그의 항일 정신은 꺾이지 않았다.

자신이 갖고 있던 모든 기득권을 포기하고 오직 조국의 독립을 위해 온 몸을 바쳐 활동한 이회영과 그 가족의 독립운동 정신은 세계 어느 나라의 독립운동사에도 흔치 않은 일이라고 생각한다.

오늘날 세계의 정치·경제·문화를 이끌어 나가고 있는 앵글로색슨족도 마찬가지다. 그들의 위대함은 두 가지라고 생각된다. 첫째는 누가 감독하지 않아도 그들 스스로 맡은 책임을 비교적 성실히 수행한다는 것이다. 또 하나는 국가가 어려움에 처해 있을 때 기득권층부터 솔선해 전쟁터에 나가 국민들의 귀감이 되는 전통이 있다는 것이다. 우리 사회는 이러한 앵글로색슨족과 같이 사회에서 가진 자들이 지켜야 할 의무인 노블레스 오블리제가 어느 때 보다도 절실하게 요구

되고 있다. 그러하기에 자신을 희생하면서 조국의 독립을 위해 애쓴 그의 일대기는 적극적으로 발굴해 널리 알려야 하는 값진 역사이다.

우리의 역사, 특히 근대사에 있어 그 소극적인 면에 조금은 실망하고 있는 오늘의 지식인에게 우리의 근세사에도 이러한 질풍노도와 같은 열정의 역사가 있음을 알려주고 싶다. 역사학자 이덕일 교수의 《아나키스트 이회영과 젊은 그들》의 일독을 권한다. 앞으로 이회영 일가의 드라마틱한 인생을 소재로 한 연극이나 영화, 드라마가 만들어져 좀 더 많은 사람들에게 그가 알려질 수 있기를 기대해 본다.

정세영 명예회장

성공한 기업가의 진면목을 이해하는 데는 세상에 이미 잘 알려진 그의 업적 못지않게 의사결정과정이나 이면에 숨겨진 에피소드도 중요하다고 생각한다. 또한 한 직장에서 36년간을 모셨다는 의무감에서 정세영(鄭世永) 명예회장님에 대한 몇 가지 기억을 남기고자 한다.

정 명예회장님은 "비록 산 정상에는 서지 못해도 바른 길을 택해 산에 오른다면 그 자체는 올바른 산행이다"라며 정도경영을 실천한 분이다. 하루는 "오늘 친구들하고 좀 비싼 점심을 먹었는데 내 개인 비용으로 결제해야 하는 것 아니냐"며 의문을 제기했다. 그래서 "무슨 말씀을 나누면서 점심을 드셨는지요?"라고 되물었다. 그는 "그야 세상 돌아가는 이야기와 회사 이야기를 했다"고 했다. "그렇다면 업무상 지출할 수 있는 경비로 해석된다"고 대답하자 그때서야 회사 비용으로 처리하는 데 동의했다.

정 명예회장님은 어렵고 힘든 결정을 할 때, 최종 결심에는 명분과 의리를 앞세웠다. 형님인 정주영 명예회장에 대한 의리로 32년간 키워온 분신 같은 현대자동차의 경영권을 미련 없이 내드렸다고 생각한다. 그 당시 계동 사옥 8층 집무실 벽에 역지사지(易地思之)라는 문구를 붙여놓고 스스로 마음을 다스리기도 했다.

정 명예회장님은 본인의 업적에 대해 결코 자만하지 않았다. 한때는 걱정도 했지만, 최근 현대자동차 경영 성과에 대해서 매우 만족해하며 "지금 와서 돌이켜보니 자동차도 건설이나 중공업의 지원이 없었다면 매우 어려웠을 거야. 내가 다한 게 아니고 그룹의 도움도 많았다"라며 겸손해 했다.

한번은 우연찮게 현대자동차 퇴임 임원들이 상대적으로 경제적인 면에서 어렵다는 것을 알고 "내가 현대자동차를 경영할 때 좀 더 임원들에게 대우를 잘 해줬어야 했는데…"라며 자괴감을 나타내기도 했다.

정 명예회장님은 세상사에 대한 토론과 담소를 즐겼다. 일찍이 미국 유학시절과 현대자동차의 세계경영으로 체험한 시장경제와 자본주의에 대한 강한 믿음을 갖고 항상 우리 사회와 국가에 대해 깊은 애정으로 걱정을 하는 경세가(經世家)였다. 국가의료보험제도가 시행되기 훨씬 전인 1970년대 초에 정 명예회장은 최소한 현대자동차 가족들만큼은 아플 때 병원에서 충분한 치료를 받을 수 있어야 한다며 한국 최초로 사내에 의료보험제도를 만들었다.

또 하루는 계산기를 옆에 놓고 쌀 1톤당 국제시세와 북한 동포들이 굶지 않으려면 지원해야 할 돈이 얼마 정도 인지를 열심히 계산하면서 북한 동포의 식량난에 대해 많은 걱정을 하기도 했다.

정 명예회장님은 깊이 있는 경영을 하셨다. 중역회의에서 자재담당 중역에게 협력업체의 국산화율에 대해 질문했다. 담당자는 평소 모회사의 국산화에만 신경을 쓰고 있어 답변을 하지 못했다. 그러자 당시 정 명예회장은 협력회사의 국산화도 촉진시키는 계획을 적극 추진하라는 지시를 내렸고 이러한 정책이 현재 어떤 산업보다도 자동차산업을 외화가득률이 높은 산업으로 만들었다고 생각한다.

　그 어려운 1970년대 1차, 2차 오일쇼크 시대에도 울산공장을 과감히 증설했다. 1980년대의 미국 시장진출 및 1990년대의 터키 및 인도에 현지 공장건설 등은 세계 자동차 시장의 흐름을 꿰뚫어보는 혜안과 과단성 있는 판단이 없었으면 불가능한 결정이었다.

　평생을 검소하게 살았지만 꼭 써야 할 돈, 명분이 있는 지출은 과감히 했다. 몸이 불편해 사무실에 출근을 못할 때에도 고려대 100주년 기념사업에 약속한 기부금을 조속히 납부하라고 했고 모교인 고등학교 기념사업에 거액을 기부했다.

　정 명예회장님은 이윤만 추구하는 단순한 사업가(business man)가 아니라 신념과 철학을 겸비한 기업가(entrepreneur)였다. 또한 우리가 살아가는 이 사회와 국가를 부단히 걱정하며 그 발전 방향을 모색한 경세가였다고 생각한다.

이종문 회장

매일경제에 〈고급 주택과 상류사회(上流社會)〉라는 칼럼을 기고한
바 있다. 이 칼럼에서 고급 주택에 사는 것이 상류사회에 진입하는
자동티켓이 될 수 없고 노블레스 오블리제를 지켜야만 상류사회에
진입할 수 있는 자격이 있음을 강조했다. 또한 값비싼 고급 주택에
살아도 누구와 사느냐가 중요하고 인생과 이 세상을 어떻게 바라보
며 무슨 생각을 하고 사느냐가 더 중요하다고 했다.

최근에 고급 주택과 상류사회의 전범(典範)이 되는 좋은 사례를 보
게 되었다. 얼마 전 미국 교포 중 가장 사업에 성공한 이종문 회장님
의 샌프란시스코 저택을 방문할 기회가 있었다. 미국 영화에서나 봄
직한 대저택이었다. 놀란 것은 부자들 집에 흔히 있음직한 값비싼
그림이나 골동품보다 약 50~60평이 넘는 서재에 네 벽에 꽉 차고
도 모자라서 바닥 상당 부분에도 진열한 장서였다. 이 회장님은 한
국도 아닌 외국에서 사업에 성공한 것은 오직 독서를 많이 했기 때
문이라고 강조했다.

이 회장님은 원래 제약회사 종근당을 형님인 이종근 회장님을 도
와 창업했다. 몇 가지 일화를 소개하면 그는 1950년대 미국 대학원
으로 유학을 갔고 2년 코스를 1년 반만에 마치고 귀국했다. 당시 대
부분의 유학생들은 유학기간이 3~4년 정도로, 되도록 늦게 마치고
귀국하는 것이 상례였다. 이에 감동한 매카나기 주한 미국대사는 그
를 미국 유학생 선발 면접위원으로 임명하기도 했다. 또한 종근당 재

직 시 동양 최초로 미국에 수출을 했으며, 시사주간지 〈타임(Time)〉에도 한국 회사로는 처음으로 광고를 게재했다. 박정희 대통령이 이 광고가 게재된 〈타임〉을 들고 경제 장관회의에 참석해 장기영 부총리에게 종근당이 어떤 회사인가 한 번 방문하고 싶다고 했다고 한다.

우리나라 재벌가의 통례와는 달리 그는 일찌감치 형님과 결별하고 종근당을 떠나 1970년 초에 미국으로 이민을 갔다. 각고의 고생 끝에 지금의 MP3의 원천이 되는 기술을 개발했고 기업 공개를 성공적으로 하여 오늘날의 부를 쌓았다.

그는 카이스트(KAIST) 지원 등 우리나라의 과학기술 발전과 민주주의 발전에 음으로 양으로 많은 기여를 해왔다. 외교적으로도 미국 조야의 넓은 인맥으로 한국 외교의 숨은 공로자이다. 종군위안부에 대한 미국의회결의에도 적지 않은 역할을 했다. 또 샌프란시스코 시청 앞 광장 바로 옆에 아시안 아트센터(Asian Art Center)를 만들었다. 그 건물 외벽에는 이종문 아트센터라고 크게 음각되어 있다.

이와 같은 이 회장님의 스토리는 상류사회는 결코 고급 주택에서 호사스럽게 사는 것만으로는 진입할 수 없고, 부에 걸맞은 노블레스 오블리제의 책임을 다해야 한다는 메시지를 다시 한 번 던져주고 있다. 반면에 비록 값 비싼 고급 주택에는 살지 못해도 서로 존경하고 사랑하는 가족과 자그마한 일이라도 지역사회에 기여하면서 진지하게 살고 있다면 그들은 이미 상류사회의 일원이 된 것이나 다름없음을 말해주고 있다.

마키노 세이키 氏

마키노 세이키(牧野誠毅) 씨와는 30년 지기(知己)다. 1차 오일쇼크를 겪은 후 매우 어려운 시기였던 1978년 여름철로 기억된다. 현대자동차 외자담당(外資擔當) 차장으로 울산자동차공장 30만 대 증설 프로젝트를 위한 외자조달을 검토하고 있을 때 그를 처음 만났다. 그 당시 현대자동차 본사는 현재 계동 사옥 터인 옛 휘문고등학교 교사를 개조해서 쓰고 있었다. 에어컨시설이 없어 여름에도 그저 양쪽 창문을 열어 놓고 창문을 통과하는 바람으로 무더위를 이기고 있던 때였다.

노무라·닛코증권과 같이 일본 3대 증권회사의 하나인 다이와증권(大和證券) 과장대리 마키노 세이키 씨는 수시로 나를 만나러 방문했었다. 그는 서울 지점도 아닌 명동 사보이호텔에 1인 사무실을 운영하고 있었다. 명동에서 걸어왔는지 땀을 뻘뻘 흘리면서 사무실을 찾아온 그에게 칸막이가 쳐있는 간이 응접실에서 얼음을 넣은 사이다를 대접했었다. 그는 언제나 밝은 표정이었으며 우리말도 유창했었고, 한국의 자동차산업에 대해서도 매우 긍정적인 평가를 해주곤 했다.

아마 당시 다이와증권은 한국 기업에 관심을 갖고 한국의 자본 시장과 한국 기업에 대해 사전 마케팅을 하지 않았나 싶다. 마치 요즈음 한국의 자산운영사나 금융기관들이 베트남 등 개발도상국가에 사무실을 설치하고 마케팅을 하는 것과 같다고 하겠다. 그러나 정작 다이와증권은 필자가 현대자동차 상무가 된 이후인 1989년에서야 현대자동차의 첫 해외증권인 BW 발행과 함께 일을 같이 할 수 있었다. 그 당시 그는 본점의 국제금융 담당부장이었다. 다이와증권이 한국 자본 시장에 관심을 갖고 마케팅을 한지 10년이 넘은 후의 일이었다. 이러한 점이 해외 마케팅의 어려운 부분이지만 미리 장기적으로 선 투자를 하는 일본 대형 금융기관의 경영전략이라고 하겠다.

최근 세미나 참석 차 도쿄를 방문했을 때 그를 오랜만에 만나 긴자 뒷골목 그의 단골 식당에서 즐거운 식사를 했다. 그는 다이와증권에서 자본 시장 본부장인 상무이사까지 역임하며 30년간 성공적이고 보람 있는 직장 생활을 했다. 그 후 다시 계열사 사장을 거쳐 현재 회장으로 계열회사에서 10년 이상을 근무를 하고 있다. 우리는 서로 공통점이 있다. 필자 역시 현대자동차에서 30년간 일하고 다시 현대산업개발에서 10여 년을 일했으니 말이다.

그는 6개월 후에 회장직을 사임하고 상담역으로 내정되어 있다고 한다. 그 후 3년간 사무실은 출근하지 않고 최종 급여의 70%를 받는다고 한다. 우리가 배울 것은 이러한 선진국의 인사관행이다. 최소한 경영 간부급 인사만이라도 1년 또는 최소 6개월 전에는 미리 결정해야 한다. 그래야만 후임자도 미리 선정할 수 있고, 그에게 충분한 준비시간을 주는 것이 회사 발전에도 바람직하다고 생각된다.

은퇴 이후의 그의 계획은 매우 소박하고 흥미롭다. 그는 중국어 공부를 시작했다고 한다. 중국어 1급 자격을 취득해 한국, 중국의 지방 소도시에서 일본어 및 문화를 가르치는 것이 목표라고 한다. 급여는 필요 없고 소박한 숙식만 제공받으면 어디라도 부부가 같이 달려가 봉사할 계획이라고 한다. 아직 산업화 역사가 일천한 우리의 경우 은퇴 후 삶에 대한 준비가 다양하지 못하다. 우리보다 산업화 과정을 미리 겪은 일본의 경우를 참고하는 것은 유익한 일이다. 유명한 리조트 가까운 곳에 살면서 골프로 소일하는 식의 완전 퇴장하는 삶은 겉으로 보기는 화려하고 부러워 보이지만 너무나 지루하고 재미없는 생활일 것이다.

영어로 '리타이어(retire)'는 타이어를 다시 갈아 끼운다는 의미가 있다고 한다. 현역 시절과 같이 치열한 삶은 바람직하지도 않고 잊어버려야 하지만 마키노 씨와 같이 목적을 갖고 계획을 세워 새로운 일에 도전 하고자하는 마음이 새삼 아름답게 느껴진다.

chapter 03

달리기, 등산 예찬

달리기의 또 하나의 장점은 테니스·골프 같은 구기운동과 달리 다른 생각을 하면서 뛸 수 있다는 점이다. 그러므로 주제를 가지고 달릴 수 있다.

휴일에 배낭을 메고 집을 나설 때면 필자는 자유인이 된다. 각박한 일상생활의 현실과 모든 책무로부터 벗어날 수 있기 때문이다.

달리기 예찬

매년 11월 첫째 일요일은 중앙일보사에서 주최하는 국제마라톤대회가 열리는 날이다. 이번 대회는 늦은 가을 날씨답지 않게 기온이 영상 18도 정도로 마라톤 하기에는 비교적 더운 날이었다.

필자는 매년 봄·가을 꼭 한 번씩 마라톤 경기의 10km 단축코스에 참가하고 있다. 금년에도 이번 대회에 참가하기 위해 일주일 전부터 미리 음주량을 줄이고 그 전날에는 낮잠까지 자 두는 등 컨디션을 조절하기 위해 나름대로 노력했다. 몇 년 전만 해도 전날에 등산까지 하고 마라톤에 참가한 적도 있었지만 점차 나이가 들면서 조심스럽다.

이번 대회는 약 2만 명이 참가한 매머드 규모로, 청명한 가을 날씨와 풍요로운 황금색의 은행나무 가로수가 있는 88올림픽 잠실 주경기장에서 스타트를 했다. 차량을 통제한 차도는 직장동호인 모임이나 가족끼리 참가한 젊은 기운이 넘치는 축제의 마당이었고 환호와 열정을 뿜어내는 용광로 같은 거리가 되었다. 필자는 기록을 깨기 위해 후반 3km 정도 남겨둔 지점부터 약간 속도를 높였다. 그러나 제발 무리하지 말고 몸조심하라는 집사람의 충고가 생각나 여유를 두고 뛰다보니 예년 기록인 1시간 4분에 골인했다. 이번에도 1시간의 벽은 깨지 못했으나 처음부터 끝까지 한 발자국도 걷지 않고 완주한 것에 만족한다.

등산·테니스·골프 등 수 많은 스포츠가 있지만 많은 사람이 동시에 즐길 수 있는 것은 마라톤이 제일이다. 수많은 러너(runner)들이 뿜어내는 그 열기는 참가자 스스로를 흥분하게 만든다. 마라톤은 직장단위의 스포츠 행사로도 매우 훌륭한 선택이다. 해당 회사의 로고가 찍힌 셔츠를 입고 회사 깃발을 들고 뛰는 것만으로도 홍보효과는 만점이라고 생각한다.

기록은 그리 중요한 것이 아니다. 다만 마라톤을 위해 미리 준비하고 일상생활 속에서도 마라톤을 항상 염두에 두고 건강관리를 할 수 있는 것만으로도 매우 뜻이 있다. 최소한 1년에 봄·가을 두 번만이라도 마라톤 행사에 참여하는 것은 연 2회 건강을 체크하는 더없이 훌륭한 방법이라고 생각한다.

달리기의 또 하나의 장점은 테니스·골프와 같은 구기운동과 달리 다른 생각을 하면서 뛸 수 있다는 점이다. 그러므로 주제를 가지고 달릴 수 있고 행사도 할 수 있다. 예를 들면 "자연보호를 위한 달리기", "영업목표 달성을 위한 달리기" 등 다양한 목표를 두고 목표 달성을 염원하면서 달릴 수 있다. 이 나이에 이삼십대 젊은이들과 함께 할 수 있는 운동은 그리 많지 않다. 그들과 같이 땀을 흘리며 또 그들의 우렁찬 구호 소리를 들으며 같이 달리는 시간은 나에게 너무나도 행복한 순간이다.

매일 1마일씩 조깅을 하고 있는 필자는 서울에서 뉴욕까지의 거리를 목표로 달리고 있다. 매년 300마일을 뛰면 뉴욕까지의 거리 6,870마일을 완주하는데 23년이 걸린다. 1986년부터 뛰었으니 2009년까지 앞으로 6년 동안 매일 아침마다 뉴욕을 향해 열심히 더 뛰어야 한다. 그때쯤이면 뉴욕 그라운드 제로에 새로운 세계무역센터(World

Trade Center)가 세워질 테니 더 감격적일 것 같다.

어차피 인생은 과정이 아닌가. 목표에 도달하면 그 환희와 감격은 잠시인 것이고 또 다른 목표가 설정되고 또 다른 새로운 시작이 되는 것이다. 목표 성취를 기원하며 달리는 그 시간이 결국 가장 행복한 순간인 것 같다.

서울~뉴욕 마지막 1마일 달리기

　1980년대 중반, 현대자동차 임원이 되자 계동 사옥 코너에 자그마한 방이 마련되었고 그 방에 갇혀있게 되자 하루 운동량이 대폭 줄게 되었다. 그 당시 가장 손쉽게 효과적으로 할 수 있는 유산소운동이 달리기라고 생각되어 그해 5월 1일부터 살고 있는 아파트 주변을 1마일씩 뛰기 시작했다. 현대가 항상 출근시간이 이르고 또 각종 회의는 30분 더 빠른 7시 30분에 시작됨으로 새벽 6시에 달리기를 시작했다.

　미국 커터 대통령이 방한했을 당시 미군병사들과 아침 일찍 같이 달리기를 하는 모습이 TV뉴스에 방영되었다. 그 당시만 해도 달리기는 우리에게는 그리 익숙한 운동이 아니었기에 그 모습이 매우 멋있게 보였다. 필자도 언제고 한번 해보겠다고 생각만 하다가 위와 같은 계기를 맞이해 시작하게 되었다.

　처음 몇 달은 그냥 운동을 해야겠다는 생각으로 그저 달리기만 했다. 하지만 차츰 무엇을 생각하면서 달릴 수 있는 여유도 생기게 되었다. 무엇보다도 눈이 오나 비가 오나 일기불문하고 뛰어야겠다는 결심을 하게 되었고 무언가 구체적인 목표가 필요하다고 생각했다. 생각 끝에 가 본 곳 중 가장 먼 곳을 목적지로 정하기로 했다. 그래서 다소 비현실적이라고도 생각할 수 있는 뉴욕이 목적지가 되었다.

　1마일은 짧은 거리지만 아침 새벽 달리기로는 적절한 거리이며, 몸도 가뿐해졌고 정신적으로도 하루 중 가장 행복한 시간이 되는 등

차츰 달리기의 매력에 빠지게 되었다. 새벽 달리기가 아침밥을 먹는 것과 같이 생활의 한 부분으로 자리 잡게 되었다. 어찌 보면 하나의 종교와 같았다. 큰 조직 생활에서의 여러 가지 갈등, 급변하는 사회 적응에 대한 고달픔, 부모님이 돌아가셨을 때의 충격 같은 어려운 고비마다 새벽 달리기를 하면서 마인드 컨트롤을 하게 되었다.

해외 출장 시에도 예외는 없었다. 조깅슈즈와 트레이닝복은 여행 필수품이었고 호텔도 조깅코스를 고려해 예약을 했다. 런던의 하이드파크, 뉴욕의 센트럴파크, 보스턴의 찰스 강 길, H.K 파크, 도쿄의 히비야 공원 등에 나름대로 조깅코스를 정하고 달렸다.

서울에서 뉴욕까지 대한항공의 운항거리가 약 6,900마일이다. 그 길을 따라 매일 1마일씩 1년에 300마일을 뛰므로 뉴욕까지 23년이 걸리는 대장정(大長征)인 셈이었다. 골프나 등산을 가는 날을 제외하고 달리기를 못하는 날은 1년에 한두 번 있을 정도가 되었다.

담배를 끊는 방법 중에 하나로 주위 사람들에게 자신의 금연계획을 밝힘으로써 외부에서 스스로 견제와 주시를 받게 하는 것과 같이 뉴욕까지 긴 시간을 흔들림 없이 지속적으로 달리기 위해서는 외부의 주시도 필요하다고 생각되었다. 주위 친지들에게도 자연스럽게 계획을 흘렸고, 1999년도에는 한 일간지 칼럼에 서울에서 뉴욕까지의 달리기 계획에 대해 공개했다. 더불어 마지막 1마일은 현지에서 달릴 것이라는 계획도 덧붙였다.

어느덧 시간은 유수같이 흘러 2009년 3월에 현대자동차, 현대산업개발에서의 40년 현대근무를 마감하게 되었다. 동시에 23년 걸리는 새벽 1마일 달리기도 어느덧 목적지인 뉴욕에 거의 다다르게 되었다. 마지막 1마일을 달리는 날짜를 2009년 5월 12일로 정했다. 뉴욕에서 최종 목적지는 9.11의 상징인 프리덤타워(Freedom Tower)로 결정했다. 자유(自由)라는 가치는 최고의 가치이다. 그러나 우리가 살고 있는 세계에서는 아직도 이 귀중한 가치가 제대로 지켜지지 못하고 있는 지역이 많다. 자유라는 최고의 가치를 존중하고 이를 널리 실현하자는 자그마한 뜻이 고려되어서 이와 같이 결정했다.

2009년 5월 12일 오전 11시경 대한항공으로 뉴욕에 도착해 맨해튼의 한 호텔에 체크인을 하고 보스턴에서 자동차로 오는 조 박사 내외 그리고 워싱턴D.C에서 기차로 오는 안정식을 맞이했다. 우리는 감미옥에서 늦은 점심을 들며 이야기꽃을 피웠다. 그 후 김준영이 미리 준비해준 9인승 SUV차량을 타고 프리덤타워 현장을 먼저 답사했다. 그곳으로부터 1마일을 다시 이동해 프리덤타워까지 마지막 1마일을 달리기 시작했다. 안정식이 카메라를 들고 달리기에 동행해주었다. 긴 비행기 여행을 했으나 몸과 마음 모두가 다 산뜻했고 평소의 페이스로 달려 약 15분 만에 프리덤타워에 도착했다. 당시 프리덤타워는 아직 터파기 공사 중이었고 펜스가 쳐져있었다.

그 날 저녁에는 뉴저지에 있는 식당에서 축하연을 했다. 고교 동창인 김준영 부부, 이건주 부부, 김청일 및 매제인 조 박사 내외, 대학동창 안정식 등이 참석해 와인을 마시며 즐겁고 재미있는 행복한 시간을 가졌다.

그 이튿날 아침, 호텔과 바로 인접한 파크 애비뉴(Park Avenue) 길을 1마일 달렸다. 왜냐하면 이제 반환점을 돌아 다시 내 고향 서울로 되돌아 가야하기 때문이다. 적어도 23년이 또 걸리는 대장정(大長征)이다. 건강히 도착할 수 있을는지 너무 과욕이 아닌지 모르겠다.

필자가 2003년 12월 한 주간지에 〈달리기 예찬〉이라는 제목으로 쓴 칼럼의 마지막 구절을 인용하면서 뉴욕에서 마지막 1마일을 달린 감회를 끝내고자 한다. "어차피 인생은 과정이 아닌가. 목표에 도달하면 그 환희와 감격은 잠시인 것이고 또 다른 목표가 설정되고 또 다시 시작되는 것이다. 목표 성취를 기원하며 달리는 그 시간이 가장 행복한 순간인 것 같다."

에이지슈터

에이지슈터(age shooter)는 골프 용어이다. 65세라면 65타 이내로 쳐야 에이지슈터가 될 수 있다. 필자는 30여 년간 골프를 쳤으나 매우 드문 경우여서 아직 에이지슈터를 만나본 적이 없다. 골프를 치는 사람들에게 가장 명예스럽고 자랑스러운 것은 홀인원을 하는 것보다 에이지슈터가 되는 것이라고 한다. 필자는 홀인원은 물론이고 아직 싱글 스코어도 해보지 못했으니 에이지슈터가 되기는 이미 포기한 것이나 다름없다.

테니스·등산·골프 등이 우리나라 직장인들이 즐기는 대표적인 스포츠이지만 많은 사람들이 동시에 참여할 수 있는 것으로는 달리기가 제일이다. 직장단위의 스포츠 팀으로도 매우 훌륭한 선택이다. 자기 회사 로고가 그려진 셔츠를 입고 뛰는 것만으로도 홍보효과가 있다. 또 달리기는 어떤 주제를 갖고 행사를 하기에 알맞은 스포츠이다. 예를 들면 영업목표 달성, 지역발전을 위한 달리기 등 다양한 목표를 두고 행사를 할 수 있기 때문이다.

달리기의 또 하나의 특징이자 장점은 테니스·골프 같은 구기 운동과는 달리 무엇인가를 생각하면서 또는 염원하면서 뛸 수 있다는 점이다. 마인드 컨트롤도 되고 정신을 건강하게 만드는 데 탁월한 효능을 갖은 스포츠이다.

오늘 미사리에 위치한 올림픽 조정경기장에서 열린 '건강한 대한민국 만들기 마라톤대회'에 회사 마라톤동호회원들과 같이 참여했다. 구름 한 점 없는 전형적인 초가을 날씨였다. 현대자동차에서 건설회사인 현대산업개발로 옮기자마자 마라톤부를 만들어 지난 10여 년간 여러 대회에 참가했지만 조정경기장 코스는 달리기에 제일 편한 코스이다. 더불어 주위 경관도 일품이다. 멀리는 백운대, 인수봉이 보이고 한쪽은 잘 다듬어진 잔디, 다른 한쪽은 카누가 물살을 가르며 지나가는 환상적인 코스이다.

1999년 중앙마라톤에 처음 참여한 이후 매년 2~3회 정도는 10km 달리기 대회에 참여하고 있다. 10km 달리기에서 베스트 스코어는 60분 43초였고 보통은 62분에서 65분 사이로 뛰고 있다. 지난 봄에 참가한 일본 남알프스 도겐쿄우(桃源鄉) 마라톤대회 코스는 너무 경사진 곳이 많아 66분을 넘겼으나 오늘은 65분을 기록했다. 65세 나이라면 65분이면 골프에서 쓰는 용어의 개념을 적용하면 에이지슈터의 기록이 아닌가 한다. 우선 70세까지만 계획을 세운다면 10km를 70분 안에 뛰면 에이지슈터가 되는 셈이다. 지금으로써는 그리 어렵지 않을 것 같다. 그러나 만만한 것은 아니다. 목표를 세우고 부단히 정신적으로나 육체적으로 몸을 가꾸어야만 가능하다고 생각한다.

일상생활 속에서도 달리기 대회를 염두에 두고 건강관리를 하는 것은 매우 뜻있는 일이다. 매년 봄·가을에 최소한 2번의 달리기 행사에 참여한다면 연 2회의 훌륭한 정기 건강검진이 될 것이다. 또한 에이지슈터를 목표로 뛴다면 요즈음 유행하는 훌륭한 스토리텔링이 되어 재미가 나게 될 것이다.

달리기를 하면서 느끼는 또 하나의 기쁨은 동호회원들과의 교류이다. 젊은 사람들과 같이 즐길 수 있는 스포츠가 그리 많지 않다. 러너스 하이(runner's high)를 느끼면서 호흡을 같이하며 한 물결이 되어 뛸 때에는 아직 이 나이에도 젊음이 솟아나며 행복감이 넘치게 된다.

오늘 달리기 대회의 애프터 행사도 매우 환상적이었다. 당초에는 근처 식당에서 점심을 하기로 했으나 날씨와 주변 경관이 너무 좋아 현장에서 짜장면을 주문하는 것으로 변경했다. 아마 어느 나라에도 이러한 효율적이고 고객위주의 배달 시스템은 없을 것이다. 행사장 잔디밭에 20분 전에 주문한 짜장면이 도착했고 우리는 즐거운 짜장면 파티를 가질 수 있었다. 특히 회사의 다른 행사와 겹쳐서 달리기에는 참여 못한 몇몇 중역과 간부급 회원들이 늦게나마 애프터 행사에 참여해 주었다. 이런 것들이 사람 사는 맛이 아닌가 한다. 즐겁고 행복한 하루였다.

요즈음 어디서나 나이 드는 것이 존경받지 못하게 되었고 오히려 부담이 되고 내세우지 못하는 일이 되어가고 있는 세태 속에 에이지슈터의 매력은 나이가 들수록 실현가능성이 커진다는 데 있다. 골프도 70대는 되어야 에이지슈터를 바라볼 수가 있고, 10km 달리기 역시 40대에는 매우 어려우나 50대 후반 60대가 되면 에이지슈터의 가능성이 커지는 구조로 되어 있어 더욱 매력을 갖게 한다. 달리기도 골프 못지않게 과학적인 트레이닝이 필요한 운동이며 재미와 즐거움을 주는 스포츠이다. 에이지슈터라는 개념을 골프에서만 쓸 것이 아니라 10km 달리기에도 적용한다면 성취하는 기회가 골프의 경우보다 더 많아지게 되고 이로 인해 행복한 사람이 더 많이 생길 것이다.

시라하마 마라톤 참가기

2004년 3월 7일 회사 마라톤 동호회는 일본 시라하마(白兵町)에서 개최하는 아마추어 마라톤대회에 참가했다. 시라하마는 도쿄만 최남단에 위치한 우리나라의 읍·면에 해당하는 조그마한 마을이다. 약 4년 전 회사 내에 마라톤 동호회를 만들어 그간 수차례 국내 마라톤대회만 참가했다. 이번에는 다소 여행경비가 부담이 되었지만 기분전환으로 일본 대회에도 참가해보기로 했다. 필자는 10km 코스에 참가했다.

한국과 다른 점은 첫째로 일본의 경우는 각자가 자기 수준에 맞는 코스를 택하는 것이다. 한국의 경우는 반환점을 돌 때쯤 되면 이미 20~30%는 처지고, 약 7~8km 정도를 지나면 걸어가는 사람도 상당수 눈에 띈다. 그러나 일본의 경우는 거의 전원이 자기 수준에 맞는 코스를 택했는지 중간에 처지거나 걷는 사람은 볼 수 없었다.

둘째로는 대회 준비가 너무나 완벽하다는 것이다. 완주 후 칩(chip)을 반환하는 즉시, 기록 확인증을 발급해주고 대회 종료 후에는 각 부분별로 석차까지 발표한다.

셋째로는 모든 마을 사람들의 열렬한 응원과 축제 분위기였다. 서울 같은 대도시와는 물론 차이가 있겠지만, 무표정하게 바라보는 게 아니라 밝고 환한 웃음으로 손을 흔들며 "힘내세요!"라며 적극적인 환호를 보내주었다.

이 대회가 벌써 20회째라고 하니 일본의 달리기 열기가 매우 높고

대중화되어 있는 것을 느낄 수 있을 것이다. 그러하기에 마라톤 대회가 전국적으로 작은 마을까지 확산되어 있는 것 같다. 특히, 초등학생 및 중학생들도 많이 참가할 수 있도록 2.5km 코스를 만든 것은 우리도 참고해야 할 점이라고 생각한다.

코스도 매우 아름다웠다. 태평양을 바라보는 바닷가 길과 유채꽃과 금잔화가 만발한 들판 길은 정말 인상적이었다. 그리고 자원 봉사자들이 서비스하는 젠자이(일본 단팥죽)와 스프 맛도 일품이었다.

필자의 10km 기록은 보통 1시간 5분에서 7분 사이였으나, 이번에는 1시간 43초를 기록, 평상시 기록을 대폭 단축했다. 이는 아름다운 경치와 길거리 시민들의 응원의 덕도 있었고 구자준 회장의 코치대로 호흡을 두 번 연달아 숨을 들이마시고 또 연속해 두 번 숨을 내쉬는 방식으로 바꾼 것도 큰 역할을 했다.

같이 참여한 20여 명의 동호회 회원들도 보통의 직장인으로는 다소 많은 여행경비를 지출했으나 매우 만족한 표정이었다.

배낭 메고 집 나서면 자유인

휴일에 배낭을 메고 집을 나설 때면 필자는 자유인이 된다. 각박한 일상생활의 현실과 모든 책무로부터 벗어날 수 있기 때문이다. 여러 해를 신어 거죽이 허옇게 벗겨졌지만 정이 든 등산화의 끈을 매고 나면 산행을 즐기기도 전에 어디든지 날아갈 수 있을 것처럼 에너지가 충만해 진다.

산과 필자와의 만남은 중학생 때부터 시작되었다. 대학 산악부 시절에는 서울 근교의 바위, 그 육중하고도 포용력 있는 암회색 바위에 미친 적이 있었다. 한여름의 찌는 듯한 불볕더위 속에서도 그늘진 부분은 서늘해 암벽등반 중 등에 난 땀이 저절로 식는다. 봄에는 진달래·철쭉·개나리가 만발해 산은 더욱 흐드러진 모습으로 다가온다. 가을이면 온 산을 붉게 물들인 진홍색 단풍이 배경이 되어 암벽은 그 자체가 절경이다.

1993년에도 필자는 몇몇 산악모임에 짬을 내어 참여했다. 서울 변두리 산뿐 아니라 호남의 명산인 월출산에도 갔고, 회사 산악동호회 창립 20주년을 맞아 일본 북알프스로 직장 동료들과 함께 원정을 떠나기도 했다. 그러나 무엇보다도 홀로 하는 산행이 역시 자유를 만끽할 수 있는 등산방식이 아닌가 한다.

필자 혼자서는 주로 단거리 등반을 즐기며, 관악산 연주암·연주대 코스를 자주 찾는다. 한 시간 남짓 땀을 흘리고 나면 연주암에 다다른다. 200여 평 넓이의 대웅전 뜰에는 기백명의 선남선녀들이 계단에 앉아 있거나 서성이면서 휴식을 취하고 있다. 이때 은은하고 낮은 목소리의 설교방송이 들린다. 1950년대 KBS의 〈마음의 샘터〉라는 프로그램을 생각나게 하는 간결하고 쉬운 내용이다. 절의 오디오 시스템이 좋고 방송 내용도 종교적이라기보다 생활철학적인 것이어서 흐르는 땀을 닦으며 부담 없이 들을 수 있다.

가끔 이렇게 홀로 산행을 하면 좋은 점이 많다. 어떤 문제에 대해 생각을 할 때는 혼자 걸으면서 생각하는 것이 가장 좋은 방법이라 생각하기 때문이다. 자기 자신을 뒤돌아볼 수도 있고, 현안 문제에 대해 대국적으로 생각할 수 있는 여유도 얻을 수 있다. 홀로 하는 산행과 떼어놓을 수 없는 것이 낮잠이다. 홀로 산행을 하면 여럿이 같이 다닐 때보다 시간이 절약된다. 그래서 산행 뒤 집에서 오랜만에 낮잠을 즐기는 행복한 시간을 가질 수 있다.

언젠가는 나도 현직을 떠날 것이다. 그러면 나와 함께 놀아줄 사람이 필요하게 될 것이다. 그때에도 산이 좋아 산에서 만난 사람들과는 계속 함께 산행을 하며 즐거움을 나눌 수 있을 것 같다.

인수봉 예찬

나는 인수봉(仁壽峯)을 매우 사랑한다. 삼각산 인수봉을 사랑하는데는 특별한 이유가 있다. 그 첫 번째는 매일 아침, 침대에서 일어나제일 먼저 보는 것이 인수봉이기 때문이다. 이른 아침마다 내 눈에보이는 인수봉은 동쪽에서 막 떠오르는 눈부신 아침 햇살을 받아 마치 무대 위에서 조명을 받는 것처럼 신비스러운 모습이다.

두 번째 이유로 인수봉은 필자와 오랜 세월을 같이한 특별한 인연이 있기 때문이다. 필자는 지금은 그리 많지 않은 서울 토박이로, 초등학교 때부터 인수봉을 멀리서 바라보며 언젠가는 꼭 인수봉에 오르리라 다짐하며 동경했었다. 그 후 고등학교에 입학하자 등산반에가입해 한라산, 설악산 등반을 비롯해 서울 근교 바위에서 암벽등반기술을 연마했다. 그러나 그 당시에도 최난이도급 암벽이었던 인수봉을 등반할 수 있는 기회는 없었다. 드디어 입학시험이라는 굴레를벗은 대학 1년생 시절, 마음먹은 대로 서울 근교의 암벽은 물론이고설악산까지 원정을 하면서 암벽등반의 매력에 빠졌다. 인수봉을 초등(初登)한 감격을 누린 것도 그 시절이었다.

암벽등반은 고도의 집중력, 담력 그리고 특히, 가벼운 몸과 강인한팔다리가 요구되는 스포츠다. 그래서 보통 나이가 30세를 넘으면 암벽등반 하기에는 한물간 나이로 간주된다. 농경사회에서 치열한 산업사회로 변화했고 다시 무한 경쟁 시대인 정보사회로 전환되는 세기적(世紀的) 사건을 직접 체험하고 목격하는 동안 암벽등반의 기회는 없었다. 다만, 1990년대 중반쯤인 어느 해 가을, 홍용표 선배 그리고 남상태, 김종호 군의 강력한 권유로 실로 오랜만에 인수봉을 등반할 수 있었다. 무릎이 까지고 팔꿈치에 멍이 들었지만, 너무나 신선하고 쾌감이 있는 등반이었다고 기억한다.

그 후, 다시 인수봉 정상에 오르리라는 생각은 하지 못했다. 그저 날씨가 청명한 날이면 아침 일찍 솟아오르는 동쪽의 햇살을 듬뿍 먹으면서 의연한 자태를 지키고 있는 인수봉을 바라만 보는 것으로 만족했다. 사실 오래전에 지금 살고 있는 아파트로 이사를 한 것도 어찌 보면 북한산 산맥, 특히 인수봉 백운대를 바라볼 수 있는 조망권에 큰 가치를 두었기 때문이다.

그렇게 지내던 필자는 모교 대학 산악부에서 주최하는 '인수봉 100인 오르기' 행사에 마지막 팀으로 참가하기로 했다. 처음에는 망설였지만 앞으로 다시 등반하기가 어렵다는 생각에 참여하기로 하고 등산화도 새로 구입했다. 11월 초라 기온은 차가웠지만 다행히 매우 청명한 날씨였다. 다른 팀원들은 전날 저녁 백운산장에서 숙박을 했으나 필자는 집에서 출발하기로 했다. 집사람이 해주는 아침을 든든히 먹고 6시 30분에 나이 생각을 하고 조심하라는 당부를 뒤로 하고 집을 나섰다. 8시에 인수봉 암벽등반 스타트 지점에서 남상태, 김종호 등 팀원들과 합류했다. 이 거대한 암벽등반을 집에서 아침을 먹고 8시에 시작할 수 있다는 것은 매우 이례적으로, 행복하게 느껴졌다. 그만큼 서울은 산악인에게 등산 인프라가 잘 갖추어 있는 도시라고 생각한다.

첫 스타트 리지(ridge)등반부터 만만치 않았지만 탑에는 김종호

군, 그리고 바로 뒤에서 서포트를 해주는 남상태 군이 있어 마음이 든든했다. 모두들 1995년 등반 때보다 민폐가 덜하다는 찬사(?)가 있었다. 이는 새로 장만한 등산화 덕이라고 생각한다. 요즈음 등산 장비는 매우 발전되었고 특히 등산화는 바위에 착착 붙은 느낌까지 들게 한다. 침니 코스, 슬라브 코스, 직벽 코스 등을 거쳐 4시간여의 사투 끝에 드디어 인수봉 정상에 올랐다. 정상에는 약 100여 평 정도의 평지가 있고 특히 고인돌 모습의 쉼터가 있다. 지난번처럼 무릎이나 팔꿈치가 까지는 등 부상(?)도 없이 가뿐한 상태로 정상에 올랐다.

오랜 세월 동안 비바람에 씻긴 바위와 이끼 낀 암벽은 부드럽게 느껴졌으며, 주위 사방이 확 트인 전망은 가히 일품이었다. 이 기분, 이 느낌이 바로 천만금을 주고도 사기 힘든 성취감, 행복감이라고 하겠다. 이 성취감 때문에 그 많은 산악인들이 산을 오르고 인수봉 같은 바위를 오르고 있다고 생각한다.

올 한 해 동안 이룩한 내 개인의 업적을 생각할 때, 제일 먼저 떠오르는 것이 인수봉 등정이다. 인수봉 암벽등반 후 새로운 습관이 생겼다. 잠자리에 들어서는 항상 인수봉 암벽등반의 감격과 기쁨을 생각하게 되었고 그러면 짜릿한 흥분까지 느끼면서 금방 숙면에 빠지는 행복감을 맛보고 있다. 언제 다시 오를 수 있을지 모르지만, 요즈음도 매일 아침 인수봉을 바라보며 인수봉 암벽등반의 감격을 느끼면서 하루를 시작하고 있다.

부 록

주택 시장 발전을
위한 조언

한국주택협회장과 건설회사 CEO 시절 주택 시장 발전을 위해
언론에 기고한 조언(助言) 중에서 아직 그 당시 제기한 문제점이나 제안이
해결되지 않은 조언을 골라서 수록했다.
주택 시장에 관심 있는 분에게는 현시점에서도 참고가 될 것이다.

주택문제 해법, 시장에 있다

주택문제는 예나 지금이나 모든 국민의 가장 중요한 관심사 중에 하나이다. 그래서인지 이 부분에 관해서는 국민 모두가 저마다 한마디 할 수 있는 전문가라고 생각하고 있다. 그러나 그 내용을 깊이 들여다보면 참으로 간단치가 않다. 주택 시장은 각 지역 간, 소득격차 간, 세대 간 이해관계가 복잡하게 얽혀 있으며 경기변동에 미치는 파급효과가 크다. 뿐만 아니라 GDP 성장에도 기여하는 몫이 크고 고용에도 큰 영향을 미치고 있다. 이러함으로 시장을 공정하게 관리해야 하는 당위성이 생긴다. 물론 이러한 기능은 정부의 몫이다. 법과 제도를 만들어 주택 시장의 질서가 공정하게 유지되고 국민의 삶의 질이 향상되도록 계도하는 것은 정부의 당연한 역할이다.

하지만 이러한 주택 시장의 관리는 불공정 거래 방지, 서민의 주거 안정 등 중요한 큰 틀에서 이뤄져야 하고 주택 시장가격에 대해서는 시장의 자율조절기능에 맡기는 것이 바람직하다. 주택가격은 항상 상승과 하락을 반복하는 것이므로 이를 법과 제도로 규제하는 데는 한계가 있기 때문이다. 주택가격은 무한정 올라가거나 하락하는 게 아니다. 어느 시점이 되면 시장참여자들이 공포를 느끼거나, 안도를 하게 돼 가격을 조정하는 거래가 나타난다. 시장참여자들은 모두 자신의 이익을 추구하는 경제인이기 때문이다. 그러나 주택 시장에 이러한 시점을 기다리지 못하고 수급에 영향을 주는 새로운 규제가 나오게 되면 시장은 자율조절기능을 멈추게 된다.

수요를 억제하는 정책은 일시적으로는 효과를 보겠지만, 좋고 안락한 집을 추구하는 소비자의 본원적인 욕망이 있는 한 그 효과는 제한적일 수밖에 없다. 또한 국가 경제의 파이를 줄이는 역효과도 가져올 수 있다. 좀 더 긴 호흡을 갖고 새로운 도시개발이나 임대주택 등 공급을 확대하는 정책을 꾸준히 밀고 나가면 가격은 자동적으로 시장의 자율조절기능을 통해 안정될 것이다.

1가구 2주택 문제 역시 새로운 관점에서 바라볼 필요가 있다. 이는 사람 몸에 동맥경화를 일으킨다는 콜레스테롤도 몸에 좋은 콜레스테롤과 나쁜 콜레스테롤을 구분해 처방하는 것과 같은 이치이다. 수도권이나 주택투기 지역에서 아파트를 몇 채씩 보유하고 단기매매를 하는 등의 행위는 나쁜 1가구 2주택의 표본이다. 그러나 시장에는 나쁜 1가구 2주택만 있는 것이 아니라 지방 경제를 활성화하고 국가 경제의 파이를 키우는 좋은 1가구 2주택이 더 많다는 점을 간과해서는 안 된다.

현재 지방 경제는 매우 어렵고, 지방 인구는 점점 줄어들고 있다. 또한 주택보급률도 이미 100%를 훨씬 넘어 120%까지 이르는 지역도 있다. 그런데 지금과 같은 1가구 2주택에 대한 규제 하에서는 자기 고향에 세컨드 하우스조차 살 수가 없다. 이제는 주택투기 지역 이외의 모든 지역의 주택을 세컨드 하우스로 살 수 있는 길을 열어주는 것이 필요하다.

한편 우리나라 자가주택보유율은 이미 선진국 수준인 60%대에 달했다. 미국과 영국도 70%선이다. 일본이 61%, 독일이 43% 수준임을 고려할 때 우리나라의 경우 아무리 국민소득이 높아져도 자가보유율을 70% 이상 올리는 것은 어려울 것이다. 결국 나머지 30%는 타인소유 주택에 의존할 수밖에 없다. 만약 현재와 같은 1가구 2주택 규제가 장기간 지속되면 전세 물량 부족으로 전세, 월세 값이 폭등해 서민 가계에 어려움을 가져오지 않을까 염려된다. 공공 임대주택으로 이를 충당한다고 하지만 공공의 힘만으로는 한계가 있을 것이다.

우리나라의 1인당 주거면적은 7평이며, 일본은 11평, 유럽선진국이 13~14평, 미국이 21평이다. 민간 부문, 공공 부문 할 것 없이 아직도 한참 집을 더 지어야만 한다. 좋은 1가구 2주택도 많다는 점을 인정하고 이에 맞게 세제 등 규제를 조정한다면 지방 경제도 살리고 국가 경제의 파이를 키우는 정책이 될 것이다. 결론적으로 말하면, 주택 시장이 보다 안정적이고 바람직한 방향으로 발전하기 위해서는 시장경제의 자율조절기능에 대한 믿음을 갖고 꾸준히 공급을 늘려 나가는 정책이 절실하다.

이사 쉽게 할 수 있어야

지금(2005년 2월) 어려움을 겪고 있는 주택산업의 현안 문제는 미분양이지만 이보다 더욱 큰 문제는 '미입주(未入住)'이다. 계약금·중도금도 모두 납입했고 아파트도 완공돼 입주가 시작되었지만 지금 살고 있는 집이 팔리지 않아 새집에 들어가지 못하고 있는 문제이다. 이러한 현상이 지난해 하반기부터 점차 늘어나고 있고 정확한 통계는 없지만 최근에 들어서서는 심각한 수준에 와 있음을 감지할 수 있다.

이와 같은 심각한 미입주 문제는 주택업체가 올해의 사업계획을 추진하는 데 가장 큰 애로사항일 뿐만 아니라 국가적으로도 어려운 내수시장을 회복하는 데 큰 장애 요인이 아닐 수 없다.

이를 해결하기 위해서는 첫째로 주택 거래를 막고 있는 거래세를 대폭 인하해서 이사율(移徙率)을 높여야 한다. 그래야만 현재 살고 있는 집을 처분하기가 용이해지기 때문이다. 취등록세 세율이 표면적으로 5.8%에서 2005년 1월부터 4%로 인하되었지만 과세표준이 대폭 인상돼 사실상 인하되지 않은 셈이 되어버렸다.

세계적으로 높은 우리나라의 이사율은 연간 20%로 일본·대만 7%, 미국 12%보다 훨씬 높다. 이와 같은 높은 이사율은 한국 경제의 역동성을 말해주는 대목이며 경제성장뿐 아니라 과거 농경사회의 구질서를 깨고 새로운 산업, 정보사회로 변화하는 것에 맞춰 국민들의 의식구조를 변화시키는 엔진(engine)역할을 했다.

국가 발전에 발목을 잡고 있는 인도의 카스트제도와 유사한 반상(班常)제도가 우리에게도 있었으나 6.25전쟁이라는 큰 소용돌이와 산업화로 인해 발생한 높은 이사율이 반상제도를 해체하는 데 큰 몫을 하였다고 평가할 수 있다. 세습적인 계급사회가 붕괴됨으로써 새로운 서구문명을 효율적으로 받아들이는 계기가 되었고 더 나아가서는 민주화와 산업화를 이루는 기초가 되었다고 생각한다.

높은 이사율 예찬에는 또 다른 이유가 있다. 한 가족이 이사를 하게 되면 가구는 물론이고 옷도 새로 사고 각종 가전제품을 비롯해 자동차까지 바꾸는 예가 많다. 또한 부동산중개업, 이사업체, 인테리어업체 경기와는 직결되어있다. 국내 소비를 촉진하는 가장 확실한 촉매 구실을 하고 있는 것이다.

둘째로는 주택정책도 좀 더 차별화함으로써 주택거래를 활성화시켜야겠다. 이미 주택시장은 서민주택, 중산층 주택, 고급 주택으로 구분되어 각기 특성을 갖고 움직이고 있다. 정책 당국이 가장 신경 쓰고 지원해야할 부분은 서민주택이다. 국민주택 규모의 공공주택을 위해서는 수도권의 개발제한구역을 해제해서라도 싼 가격의 토지를 공급해야 한다. 공공주택은 비록 좁지만 가급적 쾌적한 환경이 되도록 세심한 배려가 필요하다.

그러나 고급 주택은 시장에 맡겨도 된다. 고급 주택은 프레스티지(prestige)를 추구하고 있으므로 그 시장가격은 실질가치에 비해 어느 정도는 높을 수 있다. 고급 주택 고객은 비싼 프리미엄을 지불하고서도 우월적 만족감만 충족시켜준다면 가격에 대해 그리 민감하지 않은 것이 특징이다. 시장이 서민주택과는 다른 것이다.

지역별로도 투기위험성이 해소된 지역은 수요억제정책을 과감히 종료해야 한다. 얼마 전 주택투기지역을 일부 해제했지만 아직도 미흡하다고 생각한다.

거래세를 대폭내리고 세분화된 주택시장별, 지역별로 차별화된 주택정책을 구사해 주택거래를 원활히 해야 한다. 이로써 이사율이 높아져 주택산업은 물론 어려운 내수 경기 진작에 크게 기여할 수 있기를 기대한다.

주택 분양원가 공개에 대한 우려

　2004년 7월 뜨거웠던 아파트 분양원가 공개에 대한 논쟁이 정부와 여당이 공공택지에서 분양하는 국민주택 규모에 한해 원가연동제와 병행해 실시하는 것으로 결정함에 따라 일단락되었다. 그러나 아무리 제한된 범위 내에서의 원가 공개라 하더라도 시장경제에서 기본이 되는 경제 원리에 어긋나는 방향에 대한 우려를 금할 수가 없다.

　첫째로, 주택업계가 원가를 공개할 수 없는 것은 주택업체가 폭리를 취하고 있어서가 아니라 원가 공개가 시장경제에 역행하고 이로 인해 회사 경영을 포기해야 하는 지경에 이르기 때문이다. 주택건설 사업지별 분양원가를 공개한다면 자연히 분양가격은 공개된 원가에 의해서 결정되므로 시장이 아닌 타의에 의해 결정되게 된다. 그렇게 되면 경영혁신, 기술 개발, 공정 개발을 통한 원가 절감 노력 등 기업이 갖고 있는 노하우는 전혀 그 가치를 인정받지 못하게 되므로 알뜰하게 경영을 하는 회사와 방만한 경영을 하는 회사의 차이가 없어진다. 결국 회사 경영 전반에 걸쳐서 모럴해저드(moral hazard)를 불러일으키는 심각한 결과를 초래할 것이다.

　둘째로는 사업지별 분양원가 공개는 장사의 원리에 맞지 않을 뿐만 아니라 사업을 할 수 없게 만든다. 예를 들면 10개의 사업지 중 통상 3개 정도가 수익을 내고 4개 정도는 본전, 나머지 3개는 손해를 보게 된다. 제조업의 경우도 비슷하다. 이익을 내고 있는 모델 30% 정도가 나머지 70%를 먹여 살리고 있는 경우가 많다. 그러므로 만약 사업지별 원가를 공개하게 되면 이익을 내고 있는 사업지의 고객은 당연히 불만을 나타낼 것이다. 이는 결과적으로 손해나는 사업지를 보전할 수 없게 되므로 결국 지속적인 회사 경영이 불가능해 진다.

이미 대부분의 기업은 종합적인 원가, 즉 모든 모델, 모든 사업지를 포함한 종합원가를 결산보고서에서 공개하고 있다. 그러나 세계 어느 나라에도 모델별, 사업지별 원가를 공개하는 기업은 없다. 모델, 사업지별 원가는 회사의 1급 비밀이고, 회사 내에서도 극소수 인원만 알고 있는 것이 통상이다.

우리나라에는 약 6,000여 개의 등록된 주택업체가 있지만 부동산, 주택경기가 호황이었던 해에도 이익률이 10% 이상인 회사는 거의 없었다. 오히려 수익을 내지 못하고 부도난 업체가 1.07%에 달했다.

부동산과 주택경기는 일반 경기변동과 상관없이 항상 호경기를 유지할 수 없으며 일반 경기변동에 따라 항상 변화하고 있다. 예를 들면 토지공사 등이 매각하는 공공택지가 건설회사에게 지금처럼 항상 수익을 보장하는 것은 아니다. 불과 3~4년 전 만해도 많은 건설회사가 공사비조로 공공택지를 억지로 인수하고 이를 큰 폭으로 할인해 팔기도 했다. 지금의 호황은 일시적인 것이며, 언제 불황으로 트렌드가 바뀔지 모른다. 따라서 최근 일시적인 호황국면의 현상을 기초로 해 제도화하는 것은 문제가 있다.

끝으로 부동산과 주택 값이 올라간 원인에 대해 언급하고자 한다. 부동산 특히 아파트 값이 올라간 원인은 높은 분양가가 아닌 다른 데 있다. 높은 분양가는 결과이지 결코 원인이 아니다. 그 근본 원인은 공급 부족과 저금리 및 과잉유동성에서 찾아야 할 것이다.

WTO(세계무역기구)체제하에서 세계 경제는 하나의 큰 시장으로 변모하고 있다. 최근 2년여간의 주택가격 급등 및 부동산경기 호황은 우리나라만이 아니고 장기 불황을 겪고 있는 일본과 독일을 제외한 미국·유럽의 주요 국가들과 호주·중국·인도·홍콩·태국 등 주요 아시아 국가들의 공통적인 현상이다.

앞으로도 주택경기에 큰 영향을 미치고 있는 금리 및 철근, 석유 등 원자재 값의 변동에 따라 세계 주요 나라의 주택경기가 동조화되는 현상이 자주 나타날 것이다. 그러므로 국내 주택 시장을 바라보는 시각과 문제해결 방법도 글로벌 스탠더드와 시장경제 원칙을 지켜야 할 것이다.

주택산업은 성장산업이다

　우리나라의 주택산업은 아직도 매력 있는 성장산업이다. 그러나 2000년 8월, 일부 경제연구소나 언론에 비친 주택산업은 사양산업이고 앞으로의 성장은 이미 한계에 달한 모습이었다. 특히 주택 공급에 비해 신규 수요가 감퇴됨으로써 주택 값은 앞으로 오르기는커녕 오히려 하락할 것이라는 전망을 내놓기도 한다. 이러한 전망이나 예측에는 최근의 주택, 부동산경기가 한 몫을 한 것 같다. 자동차, 조선, 전자 등 대부분의 주력산업은 IMF 위기를 상당 부분 극복하고 경기회복의 견인차 역할을 하고 있으나 유독 주택산업, 부동산업계는 아직 긴 동면에서 깨어나지 못하고 있다. 오히려 IMF 때보다 어려운 해가 될 것 같다는 위기감까지 돌고 있는 실정이다.

　그러면 왜 유독 주택산업, 부동산 시장만 불경기에서 깨어나고 있지 못하는가? 그 원인을 생각해 보면, 일반 경기와 주택을 포함한 부동산경기와는 일정 기간 동안의 시차가 있는 것을 알 수 있다. 그렇지만 1999년 봄부터 이미 일반 경기는 바닥을 치고 상승을 시작한 것을 고려한다면 1년 이상의 시차는 너무나 긴 것 같다.

　그렇다면 다른 이유가 있는 것이다. 필자는 이는 주택구매 고객의 심리적 동기(心理的 動機)에 있다고 생각한다. 최근 언론의 주택 시장에 대한 부정적인 보도에 영향을 받은 많은 투자가들이 이제는 '주택공급이 포화상태가 되어 앞으로는 새로운 수요가 줄어들게 되고 주택 값도 떨어지게 될 것이다'라고 생각하는 것이다.

그러면 앞으로 과연 우리나라 주택산업이 일부 경제연구소들의 연구결과나 언론보도대로 사양산업이고 주택 값은 계속 하락하는 것인가? 우선 결론부터 말하자면 전혀 그렇지 않다. 우리보다 주택보급률이 훨씬 높은 일본·미국·유럽국가에서도 주택산업은 유망 산업이며 주택은 개인의 가장 비싼 자산이면서 저축수단으로 이용되고 있다.

현재 사용하고 있는 우리나라 주택보급률 계산방식만으로는 주택공급 상황을 충분하게 표현할 수 없다. 정부가 발표하는 공식적인 주택보급률은 주택 수를 가구 수로 나누는 방식이다. 1990년의 72.4%에서 1999년에는 93.3%까지 크게 높아졌다. 이는 괄목할 만한 성장이며 조만간 선진국 수준(110% 내외)까지 도달할 수 있음을 말한다. 그러나 선진국에서는 인구 1,000명당 주택의 수로써 주택보급률을 계산하기도 한다. 이럴 경우 구미 선진국 등은 이미 1990년대 초에 인구 1,000명당 400~450호의 주택을 보유하고 있는 것이다. 반면 우리나라는 겨우 232호(1999년 추정) 정도다.

앞으로 우리도 선진국 수준으로 핵가족화할 것임으로 가구당 비교는 합리적이지 않다. 인구 1,000명당 주택수로 산정하는 국제 비교가 합리적이다. 또한 기존 주택에 대한 만족도 즉 주택의 질적 수

주택보급률 (1,000명 당)

2010년	한국	363호
2010년	미국	409호
2010년	일본	450호
2010년	영국	438호

출처: 국토해양부자료(2012년 1월)

준을 고려한다면 그 폭은 더 커질 것이다. 앞으로도 한참은 더 공급해야 선진국 수준이 될 것이다. 또 어느 시점에 양적으로 선진국 수준이 된다 해도 재건축, 리모델링 등 주택의 질을 높이기 위한 끊임없는 투자가 이루어질 것이다.

앞으로 주택정책 지표를 양적인 면만을 나타내는 주택보급률뿐 아니라 질적인 면을 보여주는 1인당 주거면적, 만족도 등도 중요시할 때가 왔다고 생각한다. 정부에서 너무 양적인 주택보급률 100% 달성에 초점을 맞춰 홍보를 하면 주택산업에 악영향을 미칠 수 있다. 고객들은 오해를 하고 심리적 동기에 의해 주택구입을 연기하거나 포기할 수도 있기 때문이다.

이상에서 언급한 바와 같이 우리나라 주택 시장은 아직도 거대한 잠재수요를 갖고 있다. 이러한 점은 앞으로도 장기간 지속적으로 주택가격에 영향을 줄 것이다. 주택가격은 주택의 수요·공급 외에 토지 및 건자재 등 원자재의 코스트 추세로부터도 영향을 받는다. 주택의 주원료인 토지에 대한 각종 규제가 최근에 강화되고 있는 것도 걱정거리다. 특히 준농림지에 대한 규제 강화, 도시계획구역 내의 용적률 축소 등은 주택가격에 상당한 인상요인을 주고 있다. 또한 인건비 등 각종 원자재 값도 불안하다.

결론적으로 말하면 우리나라 주택 시장은 선진국에 비해 아직도 거대한 잠재수요를 갖고 있으며, 우리에게 주택은 선진국의 경우와 같이 어떤 자산보다도 매력 있는 저축과 투자의 대상이다. 이러한 점을 고려할 때 주택산업은 결코 사양산업이 아니며 유망한 성장산업이라고 아니할 수 없다.

부동산 행복연습

초 판 1쇄 2012년 3월 20일

지은이 이방주
펴낸이 윤영걸 **담당PD** 이지현 **펴낸곳** 매경출판(주)
등 록 2003년 4월 24일(No. 2-3759)
주 소 우)100-728 서울 중구 필동1가 30번지 매경미디어센터 9층
홈페이지 www.mkbook.co.kr
전 화 02)2000-2610(편집팀) 02)2000-2636(영업팀)
팩 스 02)2000-2609 **이메일** publish@mk.co.kr
인쇄·제본 (주)M-print 031)8071-0961

ISBN 978-89-7442-804-4
값 14,000원